ସପ୍ତମ ରତୁ

ସପ୍ତମ ଋତୁ

ରମାକାନ୍ତ ରଥ

ବ୍ଲାକ୍ ଈଗଲ୍ ବୁକ୍ସ
ଭୁବନେଶ୍ୱର, ଓଡ଼ିଶା

BLACK EAGLE BOOKS
Dublin, USA

ସପ୍ତମ ଋତୁ / ରମାକାନ୍ତ ରଥ

ବ୍ଲାକ୍ ଈଗଲ୍ ବୁକ୍ସ : ଭୁବନେଶ୍ୱର, ଓଡ଼ିଶା • ଡବଲିନ୍, ଯୁକ୍ତରାଷ୍ଟ୍ର ଆମେରିକା

BLACK EAGLE BOOKS

USA address:
7464 Wisdom Lane
Dublin, OH 43016

India address:
E/312, Trident Galaxy, Kalinga Nagar,
Bhubaneswar-751003, Odisha, India

E-mail: info@blackeaglebooks.org
Website: www.blackeaglebooks.org

First Publish: 1977, 2nd Publish: 1987

First International Edition Published by
BLACK EAGLE BOOKS, 2022

SAPTAMA RITU
by **Ramakanta Rath**

Copyright © **Ramakanta Rath**

All rights reserved. No part of this publication may be reproduced, stored in a retrieval system, or transmitted, in any form or by any means, electronic, mechanical, photocopying, recording or otherwise without the prior permission of the publisher.

Cover & Interior Design: Ezy's Publication

ISBN- 978-1-64560-331-3 (Paperback)

Printed in the United States of America

ସୂଚିପତ୍ର

ଦ୍ୱିତୀୟ ବିଚାର	୯
ଛୁଟିର ସ୍ମୃତି	୧୧
ଭାସମାନ ଦିନ	୧୩
ବିଚ୍ଛେଦର ଦୁଇଟି ମଧ୍ୟାନ୍ତର	୧୬
ଯାଅ ନାହିଁ	୧୯
ଆମର ବିମର୍ଷ ଭାଗ୍ୟ	୨୨
କର୍ମଚାରୀ	୨୫
ଗୃହସ୍ଥ	୨୭
ଜନନୀର ସ୍ନେହ	୨୯
ବନ୍ଦୀର କାୟାକଳ୍ପ	୩୧
ଆତ୍ମୀୟ ଶତ୍ରୁତାର ଚାରିଟି କବିତା	୩୫
ଧାନକ୍ଷେତ	୪୦
ମୁହୂର୍ତ୍ତ ହିଁ ପୂର୍ଣ୍ଣାଙ୍ଗ ଜୀବନ	୪୨
ଖରା ଆସେ	୪୫
ଶେଷଦିନ ଅସରନ୍ତି ଦିନ	୪୭
ଭାରତର ତିନିଟି ପ୍ରଧାନ ଋତୁ	୪୨
ମେଘ	୫୩
ହଠାତ ଦିନେ	୫୪
ନର୍ତ୍ତକୀ	୫୫
ତମେ ଚାଲିଯିବା ପରେ	୫୭
ଶିଷ୍ଟାଚାର	୫୧
ଉଜ୍ଜ୍ୱଳ ଭବିଷ୍ୟତ	୬୪
ଦୂରଦୃଷ୍ଟି	୬୭
ଛୁଟିଲେ ଘଟ	୬୯
ଖରାପ ସମୟର ଭଲ ସମୟ	୭୨
ଅନାୟାସେ ନାଁ ଦିଆ କବିତା	୭୫

ଦୂରଦ୍ୱର ତିନିଟି ଅଙ୍କନ	୮୦
ପ୍ରେମପତ୍ର	୮୩
ଧାନ ପ୍ରତି ଭୃତ୍ୟର ଉକ୍ତି	୮୫
ହଜିଲା ପିଲା	୮୭
ଶାଗୁଣା	୮୯
ବୁଢ଼ି ମରିବା	୯୧
ନିଜେ ନିଜେ	୯୨
ମରିବାକୁ ଯାଉଥିବା ଲୋକ	୯୫
ଅଭ୍ୟାସ	୯୭
ଧୀବର	୯୯
ଚିତ୍ର ପ୍ରତିମା	୧୦୧
ତମ ଭାଗ୍ୟ	୧୦୪
ଯେଜା ବାଟ	୧୦୬
ପୁସ୍ତବନ୍ଧ	୧୦୯

ଦ୍ୱିତୀୟ ବିଚାର

ମୁଁ ଶୁଣୁଛି କାହା ସ୍ୱର ଠିଆ ହୋଇ ମୋ ବିଚିତ୍ର
ସ୍ୱପ୍ନର ଛାଇରେ ?
ସେ କଣ ତମର ସ୍ୱର ? ମୁଁ ତ ଜମା ବାରି ପାରୁ ନାହିଁ।
ତମ ସ୍ୱର ଶୁଭିନାହିଁ କେତେମାସ ଧରି। ମୋ ବିଚିତ୍ର
ସ୍ୱପ୍ନର ଛାଇରେ ଠିଆ ଗଛମାନେ ଲଇଁଯାନ୍ତି
ଫୁଲ ଓଜନରେ।
ସେ ଫୁଲ ଫୁଟନ୍ତି କଣ ତମ ଲାଗି ? ମୁଁ ଜାଣି ପାରୁନି।
ତମ ଦେଖା ମିଳି ନାହିଁ କେତେ ମାସ ଧରି। ବର୍ଣ୍ଣହୀନ
ପ୍ରତ୍ୟୁଷ, ମଧ୍ୟାହ୍ନ, ସନ୍ଧ୍ୟା ଓ ରାତ୍ରି ଉତ୍ତାରେ
ତମେ ଏକ ନୀଳବର୍ଣ୍ଣ ଅଭାବ ଯେଉଁଠି
ସବୁ କାନ୍ଦ, ସବୁ ହସ, ଲାଖିଯାଏ ଡଙ୍ଗା ପରି
ନିଷିଦ୍ଧ ପଠାରେ,

ଏବଂ ମୋର ଚାଳିଶ କି ପଚାଶ ବର୍ଷର
ନିର୍ବାସନ ମଧ୍ୟେ ସ୍ୱପ୍ନ ଏହିପରି ଦିଶି କେତେଥର
ତମର ସ୍ୱରର କିମ୍ବା ଆକୃତିର ଭ୍ରମ
କେତେ ଥର ହୋଇ ପୁଣି ଶେଷେ ସ୍ପଷ୍ଟ, ନିର୍ମମ ପ୍ରତ୍ୟୁଷେ
ଲୀନ ହୋଇଯିବ, ମୋର ପ୍ରାତ୍ୟହିକ ସ୍ଥିତିର ଉଦ୍‌ଭ୍ରାନ୍ତ

ଇତସ୍ତତଃ ବିଚରଣ ଲମ୍ବିଯାଏ ଟେଲିଫୋନ୍ ତାର ପରି ଦିନେ
ଅଚାନକ ସମାପ୍ତିର ଖବର ସକାଶେ ।

ମୋର ଏହି ସ୍ଥିତି ମିଛ, ଏପରି କି କାନ୍ଦ ଆଉ ହସ
ମିଛ, ତାକୁ ଆଙ୍କିଅଛି କାଗଜର ମୁଖାରେ ବିବ୍ରତ
ଚିତ୍ରକାର, ମୁଁ ଚାହେଁନି ପଛକୁ କଦାପି
ପଛକୁ ଚାହିଁଲେ ଖାଲି ଦେଖାଯାଏ ବିକଳାଙ୍ଗ ପ୍ରାଚୀନ କାମନା ।
ପ୍ରତ୍ୟେକ କାମନା ମାଗେ ଅମରତ୍ୱ, ଏକ ଦୀର୍ଘଶ୍ୱାସ,
ବୁନ୍ଦାଏ ଲୁହ ବା କେଉଁ ସ୍ମୃତି ଫଳକରେ
ଫୁଲଟିଏ, ବା ଅନ୍ତତଃ ସାମାନ୍ୟ ସ୍ମରଣ
ଯାହାପାଇଁ ଲୋଡ଼ା ନାହିଁ ଟିକିଏ ବି ଦୈହିକ ଆୟାସ ।

କିନ୍ତୁ ମୁଁ ଯଦିଓ ଫେରି ଚାହେଁନି ପଛକୁ,
ଯଦିଓ ଆଗକୁ ଚାଲେ ମୋର ରାସ୍ତା ନ ସରିବାଯାଏଁ
ସିଗାରେଟ୍ ଟାଣି ଏବଂ ବର୍ଷାକୋଟ ଭିତରେ ନିଜକୁ
ବର୍ଷାରୁ ବଞ୍ଚାଇ, ତେବେ ମଧ୍ୟ ସମୟ ଆସିବ
ମତେ ଟାଣି ନିଆଯିବ ବାୟୁଶୂନ୍ୟ ଶଙ୍ଖମଲ୍‌ମଲ୍
ପିଣ୍ଡାରେ ଅଦୃଶ୍ୟ ଏକ ବିଚାରକଠାକୁ,
ମୁଁ କିଏ ପଚରା ଯିବ । କ'ଣ ସଂଜ୍ଞା ଦେବି ମୁଁ ନିଜର
ଏତିକି କହିବା ଛଡ଼ା ବେଳେ ବେଳେ ମୋର ଭ୍ରମ ହୁଏ
ତମର ଆକୃତି ଏବଂ ତମର ସ୍ୱରର ?
ବହୁଦିନୁଁ ମରିଥିବା ମଣିଷଙ୍କ ସହିତ ସମ୍ପର୍କ
ଏତେ ବେଶି, ବେଳେ ବେଳେ ଭ୍ରମ ହୁଏ ନିଜ ଦେହାନ୍ତର ?

ତା'ପରେ ସେ ବିଚାରକ ହସି ହସି ଛାଡ଼ିଦେବ ମତେ
ଦ୍ୱିତୀୟ ଫାଟକଯାଏଁ, ସେ ଫାଟକ ଉତ୍ତାରେ ଉଦ୍ୟାନ,
ସେଠି ଜମା ହୋଇଥିବ ବିକଳାଙ୍ଗ ପ୍ରାଚୀନ କାମନାମାନଙ୍କର
ଉଲ୍ଲସିତ ପ୍ରସ୍ତ ପ୍ରସ୍ତ ସରଳ ଯୌବନ ।

ଛୁଟିର ସ୍ମୃତି

ଏ କ୍ଷିପ୍ର ଧୂସର ମେଘ କାନ୍ଦୁଥିଲା କାଲି
ରାତିରେ ତା ମୁହଁ ରଖି ଛାତର ବାଡ଼ରେ
ଆଜି ତେଣୁ ସେଠି ଝୁଲେ ବୁନ୍ଦା ବୁନ୍ଦା ଲୁହ
ସତେକି ସେ ବର୍ଷାପାଣି ଅସରାଏ ପରେ।

କିନ୍ତୁ ମେଘ କାହିଁକି ବା ବାଛିଲା ମୋ ଛାତ
ବାଡ଼ରେ ତା ମୁହଁ ରଖି କାନ୍ଦିବାକୁ? କେଭେଁ
ମୋ ପାଇଁ ନୁହେଁ, ମୁଁ ଏକ ଅଜଣା ଅଶୁଣା
ଲୋକ ଯାର ମନେ ନାହିଁ ଆକାଶର ନୀଳବର୍ଣ୍ଣ, ଯାର
ଅବସନ୍ନ ଅଙ୍ଗ ଆଉ ନୁହେଁ ନୃତ୍ୟରତ
ହଳଦିଆ ସକାଳର ମୂର୍ଚ୍ଛନାର ଯେବେ
ଜିଭରେ ତାଙ୍କଣ ଫୋଡ଼ି ନାଚେ ରବିବାର।

ମେଘ କଣ କାନ୍ଦିଲା କି ତମ ଲାଗି? ତମେ
କିନ୍ତୁ ଏତେଦିନ ହେଲା ମଲଣି ଯେ ଏ ମେଘ ସାଙ୍ଗରେ
ତମ ଜଣାଶୁଣା ଥିବା ଅସମ୍ଭବ, ତମେ କଣ ଅଟ
ଅମର, ଯେମିତି ଗପ? କିମ୍ବା ଗାଆଁ ପରି
ସବୁଜ ରଙ୍ଗର ଢାଲ ସମୟ ସାମ୍ନାରେ?

ମୁଁ ଏପରି ଦିନ କାଟେ, ଆଉ କେତେ ବର୍ଷ
ଏପରି କାଟିବି ଦିନ, ଶୋକପାଇଁ ଶକ୍ତି ନାହିଁ ମୋର,
ଏବଂ ମତେ ଡର ମାଡ଼େ ଡେଇଁପଡ଼ି ନିଜର ରକ୍ତର
ସମୁଦ୍ରକୁ ପୁନର୍ବାର ଉଠିବାକୁ ହାତେ ଧରି ଚକ୍‌ଚକ୍ ମୁକ୍ତା କାନପାଖେ
ରଖିଲେ ଯାହାକୁ ଶୁଭେ ତମ କଣ୍ଠସ୍ୱର।
ମୁଁ ଖୋଜେ ମେଘରେ କିମ୍ବା ବର୍ଷାରେ, ନଈରେ
ମନ, ଏକ ପ୍ରଗଲ୍‌ଭ କାମନା
ନିର୍ଦ୍ଦିଷ୍ଟ ମୁହୂର୍ତ୍ତେ ଯାହା ମୋ ସ୍ୱରର ଅନୁକରଣରେ
ତମ ପାଇଁ କରୁଥିବ ଝୁରିବା ବାହାନା।

ମୁଁ ଜାଣେ ଫେରିଲାବେଳେ ସୋମବାର ସନ୍ଧ୍ୟାରେ କାମରୁ
ନିଦ ମଳମଳ ଏବଂ ନିଛାଟିଆ ଗଳିରେ ହଠାତ୍
ତମେ ମୋ ଆଗକୁ ଆସି ପଚାରିବ, ରବିବାରଟାକୁ
ଏହିପରି ଫାଙ୍କି ଦେବା କ'ଣ ଠିକ୍ ହେଲା ?
ଛାତିରେ କେଉଁଠି ଅଳ୍ପ କଷ୍ଟ ହବ। ମୁଁ ଜାଣିଛି ମୋ ଅଭିଜ୍ଞତାରୁ
ଟିକିଏ କାଶିଲେ କିମ୍ବା ବାନ୍ଧିନେଲେ ଯୋତାର ଫିତାକୁ,
ଅବା ଅଳ୍ପ ପାଟି କରି ଗାଳିଦେଲେ ହାକିମଙ୍କୁ ଯିବ
ଏହି ଇନ୍ଦ୍ରଜାଲ କଟି, ଯଦିଓ ସାମାନ୍ୟ
ଦରଜ ମନର କେଉଁ କୋଣେ ରହିଥିବ

କିଛିବେଳ (ମନ ଏକ ନୀଳବର୍ଣ୍ଣ ସମୁଦ୍ରର ସ୍ନେହ,
ପ୍ରତ୍ୟେକ ଢେଉରେ ତାର ଲୁକ୍‌କାୟିତ ମୁକ୍ତାର ଆଗ୍ରହ)।

ଭାସମାନ ଦିନ

୧

ହାତ ମୋର ବଙ୍କା ଢଙ୍କା
ଗୋଡ଼ କିନ୍ତୁ ଭାଙ୍ଗିହୁଏ ନାହିଁ।
ମୁଁ ବିକୃତ ଛବିଟିଏ ଚିତ୍ରପଟେ ଯାର
ଆଦ୍ୟ ନାହିଁ ପ୍ରାନ୍ତ ମଧ୍ୟ ନାହିଁ।
ସମୟ ହୋଇନି ମୋର ମାଆର ତାରାଙ୍କ
ଭିତରୁ ଓହ୍ଲାଇ ମତେ ଗାଧୋଇ ଦେବାର,
ମୁଁ ତେଣୁ ଅପେକ୍ଷାକରେ ବାପାଙ୍କ ଲୁଣିଆ
ଲୁହର ପବିତ୍ର ଜଳେ ଘରୋଇ ସ୍ନାନର।

ସମୟ ନ ହେବା ଯାଏଁ ଚୁପ୍ ରହିଥିବି
ଶହ ଶହ ବର୍ଷ ପଛେ ବିତିଯାଉ, ତମେ
ଶହ ଶହ ବର୍ଷ ଧରି ପ୍ରତ୍ୟେକ ରାତିରେ
ମୋ ସ୍ୱପ୍ନକୁ ଆସ ପଛେ ବିଷର୍ଣ୍ଣ ଧୂଆଁରେ।
ମୋ କଥା ରହିଲା ବାକି ଶେଷ ସନ୍ଧ୍ୟା ପାଇଁ
ଯେତେବେଳେ ସବୁ ଗଲା କଥା ଛାଇଟିଏ
କଥା କହିପାରେ ନାହିଁ ଅଥଚ ଭାବେ ଯେ
ରାତିସବୁ ବୁଝେ ସବୁ ମାଫ୍ କରିଦିଏ।

ସମୟ ନ ହେବା ଯାଏଁ ଗାଆଁର ପୋଖରୀ
ଶୁଖିକରି ପଡ଼ିଥିବ, ପରମାୟୁ ମୋର
ଛାରଖାର୍ ଦେଶ ପରି ଅପେକ୍ଷା କରିବ
ଗତକାଲି ଆସିଥାନ୍ତା ଯେଉଁ ଲୋକ ତାର।
ଗତକାଲି ଆସିଥିଲେ ପ୍ରଜାପତିମାନେ,
ରକ୍ତର ଆସ୍ୱାଦ ଥିଲା ଶୁଖିଲା ପାଟିରେ,
ମୁଁ କିନ୍ତୁ ଜାଣୁଚି ଆଜି ଗତକାଲି ସବୁ
ସ୍ୱପ୍ନ ଥିଲା, ଯେଉଁ ସ୍ୱପ୍ନ ପ୍ରତ୍ୟେକ ରାତିରେ
ଦେଖାଯାଏ ବାଆଁ କଡ଼ୁ ଡାହାଣ କଡ଼କୁ
ଯିବାର ଅନନ୍ତ ଆଉ ଦୁର୍ଗମ ବାଟରେ।

୨
ନିର୍ମମ ଆକାଶ ବେକ ଚିପିଦିଏ
ସରଳ ଜହ୍ନର।
ନିଶ୍ଚଳ ଗଛ ହିଁ ସାକ୍ଷୀ। କଇଁଫୁଲ ଫୁଟେ
ସର୍ନ୍ତପଣେ, ନିଜକୁ ଧିକ୍‌କାର
କରେ ତାର ଅସମୟେ ନିଆଁ ଲାଗି, ସବୁ
ଟିପିନେଲି ଡାଏରୀରେ ମୋର-
ଜହ୍ନର ଜମାନବନ୍ଦୀ ସରିବା ଆଗରୁ,
ଗଛମାନେ ଶୁଣିଥିବା ଆକାଶର କ୍ରୋଧଜର୍ଜ୍ଜରିତ
କଥା, କଇଁଫୁଲ ଦେଖାଇବା ଜାଗା ଯେଉଁଠାରେ
ଜହ୍ନଛାଇ ହେଲା ଲୁକ୍‌କାୟିତ।

ମୁଁ ଖାଲି ଅପେକ୍ଷା କରେ, ରାତି ପାହିଗଲେ
ପ୍ରତି ଦ୍ୱାର ପଛଆଡ଼େ ମୋ କଥା ଆଣିବ
କେତେ ଉତ୍ତେଜନା କେତେ ବୈଠକ ଓ କେତେ
ସ୍ୱପ୍ନ ପରି ଅମପା ଗୁଜବ।

ରାତି କିନ୍ତୁ ମତେ କରେ ଆକ୍ରାନ୍ତ ଓ ମୋର
ରକ୍ତ ପାଣି ଫାଟେ ମୋର ମାଂସ ସଢ଼ିଯାଏ,
ରାତି ବି ଚୋରାଇ ନିଏ ମୋର କଥା, ତାକୁ
ଓଲଟ ପାଲଟ କରେ, ମତେ ଶୁଣାଯାଏ
ମୋର ସ୍ୱର, କହୁଅଛି ହେ କରୁଣାକର
ମୋର କେଡ଼େ ଭାଗ୍ୟ ଯାହା ଦେଖିଲି ଏ ରାତି,
ଯୁଗେ ଯୁଗେ ମତେ ଦିଶୁ ସୌନ୍ଦର୍ଯ୍ୟ ତାହାର।

ବିଚ୍ଛେଦର ଦୁଇଟି ମଧ୍ୟାନ୍ତର

୧

ତମ ଯାଅ ଯେତେବେଳେ ଟ୍ରାଫିକ୍ ଆଲୁଅ
ଲାଲ୍ ହୋଇ ଜଳୁଥାଏ, ପୁଣି ଯାଅ ପ୍ରାତଃଭ୍ରମଣରେ
ଶୀତଦିନେ ରାତି ଅଧେ ପିନ୍ଧି ଖଣ୍ଡେ ପାତଳା ଫତେଇ,
ଏବଂ ବୁଲିଯିବା ବେଳେ ବାଡ଼ି ଧରି ସୁଠାମ ହାତରେ।

କିନ୍ତୁ ଏଇ ସହରର
ଧ୍ୱଂସାବଶେଷରେ
ମୁଁ ଯେଉଁଠି ଏପର୍ଯ୍ୟନ୍ତ ଭୂମିଷ୍ଠ ନ ହୋଇଥିବା
ପର୍ଯ୍ୟଟକମାନଙ୍କ ଗାଇଡ୍,
ତମେ ଆସ ସୁନାରଙ୍ଗ ଅପରାହ୍ଣ
ଲହୁଣି ଖରାରେ,
ତମେ ଆସ ପର୍ବତଙ୍କ ଛାଇଛାଇ ପାଦଦେଶ ଡେଇଁ
ବୋହୁଥିବା ପବନର ଶୀତଳ ସ୍ପର୍ଶରେ।
ମୁଁ ତୁମକୁ ଛୁଇଁ ପାରେ ନାହିଁ କିମ୍ବା
ଦେଖିପାରେ ନାହିଁ,
କିନ୍ତୁ ଜାଣେ ତମେ ଆସ
ମୋ ପାଉଣା ମତେ ଦେବା ପାଇଁ

ତମର ସ୍ୱରର ପ୍ରତିଧ୍ୱନିର ସଙ୍ଗୀତ,
ତମର ରୂପର ଶୋଭା ଯାର ପ୍ରତିବିମ୍ବ
ନଈର ମାଟିଆ ବନ୍ୟାରେ ପ୍ରତିଫଳିତ
ବିଶଦ ବର୍ଣ୍ଣନା କରି ମୁଁ ପ୍ରସ୍ତୁତ କରିଥିବା ବକ୍ତୃତାର ଲାଗି
କେହି ପଛେ ନ ଶୁଣନ୍ତୁ, ମୁଁ କି ନିଜେ ନୁହେଁ
ଯଥେଷ୍ଟ ମୋ ବକ୍ତୃତା ନିମିତ୍ତ ?

ମତେ ଯେଉଁ ଅଭିଶାପ ରୁଗ୍ଣ କରେ
ତାହା ବି ଆକ୍ରାନ୍ତ କରେ ଅପାସୋରା ସୌନ୍ଦର୍ଯ୍ୟ ତମର,
ସେଥିପାଇଁ ଏପର୍ଯ୍ୟନ୍ତ ଭେଟାଭେଟି ହୋଇନାହିଁ ଆମ ଦୁହିଁଙ୍କର।
ମୁଁ ତୁମକୁ କଣ ବୋଲି ଡାକିବି ? ତମେ କ'ଣ ଅଟ
ମୋ ପ୍ରେମ ? ମୋ ଜନ୍ମଭୂମି ? ମୋ ପରମେଶ୍ୱର ?

୨
ମୋର ପିଲାଦିନେ ମୋର
ସାଙ୍ଗ ହୋଇଥିଲା
ଛୋଟ ଝିଅଟିଏ। ଦିନେ
ମୁଁ ଶୁଣିଲି ତାର ମୃତ୍ୟୁ ହେଲା।
ସେ ଛୋଟ ଝିଅଟି ଲାଗି
କାନ୍ଦିଥିବି କେତେଦିନ ଧରି,
କେତେ ଖେଳଛୁଟି ମୋର
କଟିଥିବ ତାକୁ ଝୁରି ଝୁରି।

ତା'ରେ ବହୁତ ବର୍ଷ
ପରେ ଦିନେ ହଠାତ୍ ଭେଟିଲି
ତାକୁ କେଉଁ ଦୋକାନରେ, ଆଉ
ଛୋଟ ହୋଇ ନଥିଲା ସେ ତାର
ବେକରେ ବହଳ ଚର୍ବି, ଡାହାଣ ହାତରେ

ସଉଦାର ଝୁଲି ଏବଂ ନମସ୍କାର କଲା
ଗୋଲଗାଲ ତା ବାଆଁ ହାତରେ।

ମୁଁ ଘରକୁ ଫେରି ପୁଣି
ଛୋଟ ଝିଅଟିକୁ
ସୁମରି କାନ୍ଦିଲି କିନ୍ତୁ
ବାରମ୍ବାର ମୋହର ସ୍ୱପ୍ନକୁ
ପ୍ରବେଶ କରି ସେ ନାରୀ
ଭାଙ୍ଗୁଥିଲା ବିଭୋର ନିଦକୁ।
ତା ଆତ୍ମାରେ ଗଦା ଗଦା
ବିଜ୍ଞାପନ କେତେ ଜିନିଷର,
ତାର ମଧ୍ୟ ଥାଇ ପାରେ
ଏକ ରାଜନୈତିକ ବିଚାର।
ସେ କିନ୍ତୁ ଏକାକୀ ମତେ
ଛାଡ଼ିଦେଇ ଚାଲିଯିବା ପରେ
ଘର ସାରା ପୂର୍ଣ୍ଣ ହୁଏ ଏକ ବାସ୍ନା
ଯାହା ତା ଦେହରେ
ତା ମାଆ ଲଗାଇଥିଲେ। କେଉଁଠାରେ ?
ହାସ୍ପାତାଳେ ? ଅଥବା ବେଦୀରେ ?

ଯାଅ ନାହିଁ

ଅଦ୍ଭୁତ ଓପରଓଳି ! ମୋ ପାଇଁ ବାହୁନେ
ଯୁବତୀଟି ମଶାଣିରେ। ତା' ହାତରେ ତୋଡ଼ାଏ ଗୋଲାପ।
ତା ଚିକ୍‌କଣ କଳାବାଳ ଲୋଟିଯାଏ ଢେଉ ପରି। କଣ
ତାକୁ କେବେ କହିଦେବି ମୋ ମୃତ୍ୟୁର ସଠିକ କାରଣ ?
ତାହେଲେ ସେ ହସି ହସି ଗଡ଼ିଯିବ, ଘରକୁ ଫେରିବ ?
ଗୋଲାପମାନଙ୍କୁ ପୁଣି ଖଞ୍ଜିଦେବ ଗୋଲାପ ଗଛରେ।

ଅକ୍ଷରେ କହିଲେ ସତ୍ୟ ବଧହୁଏ ଏପରି ଭାବରେ।

କିନ୍ତୁ ସେ ଫେରିବା ପରେ ଚାରିଆଡ଼ ବିଭୀଷିକାମୟ।
ଟେଲିଫୋନ୍ ଚାଲିବନି, ବିଜୁଳି ଆଲୁଅ
ବନ୍ଦ ହେବ, ରେଳ ଲାଇନ୍‌ର ପ୍ରତି ସିଗ୍‌ନାଲ୍ ଖୁମ୍ବରେ
ହଠାତ୍ ଜଳିବ ଲାଲ୍ ଆଲୁଅ ଅସଂଖ୍ୟ
ବରଫ ପାଲଟିଥିବା ସୂର୍ଯ୍ୟଙ୍କର ଶାରଦ ଦୀପ୍ତିରେ।

ତାପରେ ପଡ଼ିବ ବର୍ଷା ଟପ୍‌ଟାପ୍ ତରାଟଫୁଲରେ।
ତରାଟଫୁଲ !
    ଏକଦା ମୁଁ ସ୍ୱପ୍ନ ଦେଖିଥିଲି
    ଗୁନ୍ଥିବି ତରାଟମାଳ...

ବର୍ଷାରେ ତରାଟ ଭିଜେ, ଝରିପଡ଼େ କୋମଳ ପାଖୁଡ଼ା।
ଖାଲି ଟିଣଡ଼ବା ସବୁ ରନ୍ଧାଘର ଥାକରେ ସଜଡ଼ା।
କେଉଁ ନରାଧମ କାଲି ଛୁରୀ ଭୁଷିଦେଲା
ମଲା ଭିକାରୀଙ୍କୁ, ଏବେ ହସ ହସ ମୁର୍ଦ୍ଦାର ତାହାର
ସର୍ବୋଚ୍ଚ ପ୍ରାଚୀନ କୀର୍ତ୍ତି ଏହି ଶ୍ୱେତବର୍ଣ୍ଣ ସହରର।

ମୁଁ ତାପରେ ଏକା ଏକା ଯିବି, ମୋ ପଛରେ ଶୁଭୁଥିବ ହସ
ତାତିଥିବା କରେଇରେ ଫୁଟୁଥିବା ସୋରିଷ ଯେପରି।
ରାସ୍ତାଙ୍କର ଚିହ୍ନବର୍ଣ୍ଣ ଲିଭିଯିବ, ଏବଂ ମୋର ଅକ୍ଷୟ ଅମର
ମୁହୂର୍ତ୍ତଙ୍କ ବଣ ଏକ ଭୂକମ୍ପରୁ ଅନ୍ୟ ଭୂକମ୍ପକୁ
ଲମ୍ବିଥିବ- କିମ୍ବା ତାହା ତିନ୍ତିଥିବା ବିବର୍ଣ୍ଣ ପାଚେରୀ
ତଫାତ୍ କରୁଛି ଥୁଣ୍ଟା ଗଛଙ୍କର ଶୁଖିଲା କାଠରେ
ପୂର୍ଣ୍ଣ ମର୍ତ୍ତ୍ୟଧାମଠାରୁ ଅଙ୍ଗାର ପାଲଟିଥିବା ବୈକୁଣ୍ଠଧାମକୁ।

(ତମର ଧାରଣା ଭୁଲ୍) ମୁଁ ଭୟରେ ଥରୁନାହିଁ, ବରଂ
ଭାବୁଛି ଯେ ଭଲ ହୋଇଥାନ୍ତା ଯଦି କିଛି ଡର ଲାଗୁଥାନ୍ତା ମତେ,
ଯଦି ଏହି କ୍ଷୁଦ୍ରାଦପି କ୍ଷୁଦ୍ର ସତ୍ତା ଚୂର୍ଣ୍ଣ ହେଉଥାନ୍ତା
ପର୍ବତ ପ୍ରମାଣ ଏକ ଢେଉର ଆଘାତେ।
କିନ୍ତୁ ହାୟ ତାହା ଭାସେ
କାଠର ଟୁକୁଡ଼ା ପରି ଶବ୍ଦଙ୍କର ମହାସାଗରରେ,
ଏବଂ ମୋ ଅନ୍ତିମ ଦିନ
ଥୁରୁ ଥୁରୁ ହୋଇ ଠିଆ ହୋଇଛନ୍ତି ସମୁଦ୍ରକୂଳରେ
ଅନାଥ ଶିଶୁଙ୍କ ପରି ମଇଳା ଓ ସୁଡୁସୁଡୁ ଲଗାଣ ବର୍ଷାରେ।

ବର୍ଷା ପଡ଼େ ଟପ୍‌ଟାପ୍ ତରାଟ ଫୁଲରେ।
ମୁଁ ଯାହା କରିଛି ଏବଂ ଯାହା କରିନାହିଁ
ସବୁ ହୁଏ ଏକାକାର- ଆକାର ବିହୀନ,
ଅସୁନ୍ଦର, ଯେଉଁପରି ବେଶ୍ୟାଙ୍କର ବିତିଥିବା ଦିନ।

ସେ ତେଣୁ ରହିବା କଥା ହାତେ ଧରି ତୋଡ଼ାଏ ଗୋଲାପ।
ଢେଉ ଢେଉ କଳାବାଳ, ଯୋଡ଼େ ଆର୍ଦ୍ର ଆଖିଙ୍କ ଉତ୍ତାପ,
ବତୀଘର ଯାର ସିଧା ବ୍ୟାକୁଳ ଆଲୁଅ
ଖୋଜେ ମୋର ଅନ୍ଧମୃତ୍ୟୁ ଯାହା ଭାସେ ମହାସାଗରରେ,

ଏବଂ ସତ୍ୟ ପୁନର୍ବାର ବଞ୍ଚିଉଠେ ଏପରି ଭାବରେ।

ଆମର ବିମର୍ଷ ଭାଗ୍ୟ

ମତେ ଯାହା ହତ୍ୟାକରେ ତାହା ମଧ୍ୟ ମୃତ୍ୟୁ ଫୁଲଙ୍କର,
ମେଘଙ୍କର ଓ ଦିଗ୍‌ବଳୟର,
ମୋ ରକ୍ତକୁ ଯାହା କରେ ବରଫ ତାହା ହିଁ
ଶୀତଋତୁ ଗାଆଁ ଗଣ୍ଡା ସହର ଓ ହାଟବଜାରର।
ମତେ ଯାହା ଛନ୍ଦିଦିଏ ପାହାଡ଼ ଓ ଆକାଶ ସହିତ
ଗଛ ଏବଂ ପବନ ସହିତ
ସେ ଆମ ବିମର୍ଷ ଭାଗ୍ୟ, ଘୂରିବୁଲେ ବର୍ଷରୁ ବର୍ଷକୁ,
ଶତାବ୍ଦୀରୁ ଶତାବ୍ଦୀକୁ ଦୁଆରମୁହଁ ବା
ଗଛଡାଳେ ବସିଥିବା ଛାୟାଙ୍କର ଅତି ପରିଚିତ।

ଏହି ଭାଗ୍ୟ ଦିଶିଥିଲା ମୋ ସ୍ୱପ୍ନରେ ବହୁବର୍ଷ ତଳେ
ଛିଣ୍ଡା ଲୁଗା ପିନ୍ଧିଥିବା ସନ୍ନ୍ୟାସୀ ବେଶରେ।
ମୁଁ ପ୍ରଥମେ ଉପହାସ କଲି ତାକୁ, ତାପରେ ଚିତ୍କାର
କଲି ଯେ ଏସବୁ ମିଛ, ଏହା ସତ୍ୟ ନୁହେଁ କେଉଁ କାଳେ,
ଏବଂ ସତେ ବା ତାର ଅସତ୍ୟତା ପ୍ରମାଣ କରିବା
ମୋ ଦାୟିତ୍ୱ, ମୁଁ ଛୁଟିଲି ଦୁନିଆଁକୁ ପାଗଳ ଭାବରେ,
ରୋଜଗାର କଲି, ଘର କଲି, ମୋର ପିଲାଛୁଆ ହେଲେ,
ତଥାପି ଆକୃତି ତାର ବାରମ୍ବାର ଦିଶିଲା ସାମ୍ନାରେ,
ବରଂ ମୋ ଧାରଣା ହେଲା ସେ ସର୍ବଦା ଜଗିଛି ମୋ ବାଟ
ମୋ ସଂକ୍ଷିପ୍ତ ସୁଡଙ୍ଗର ଅନ୍ଧାର ମୁହଁରେ।

ଏତେଦିନ କଟିଗଲା କୋଳାହଳ ଭିତରେ - ମଣିଷମାନଙ୍କର
କୋଳାହଳ, ମଟର ଓ ରେଳ, ବ୍ୟୋମଯାନ
ଯିବା ଆସିବାର ଶବ୍ଦ, କଳକାରଖାନା
ଦିନରାତି ଚାଲିବାର ଅକାଟ୍ୟ ପ୍ରମାଣ।
ମୁଁ ଏକରକମ ସବୁ ଗହଳଚହଳ
ସ୍ୱାଗତ କରିଲି ନିଷ୍ଚିହ୍ନ କରିବା ଲାଗି ପୁରୁଣା ସ୍ୱପ୍ନରେ
ଶୁଭିଥିବା କେତେପଦ କଥାଙ୍କର ଉତ୍ପାତର ନିତ୍ୟ ବର୍ତ୍ତମାନ।
ତଥାପି ରହିଲା କେତେ ଫାଙ୍କା ରବିବାର,
କେତେଦିନ ଯେତେବେଳେ ଘରେ କେହି ନଥିଲେ, ଅଥବା
କେତେ ରାତି ଯେବେ ନିଦ ଭାଙ୍ଗିଯାଏ ଆଉଥରେ ନିଦ ହୁଏନାହିଁ,
ସେତେବେଳେ ଏ ଆକାଶ ଦିଶେ ଖୁବ୍ ବଡ଼, ସେତେବେଳେ
ଫୁସ୍‌ଫାସ୍ କଥାବାର୍ତ୍ତା ଗଛମାନଙ୍କର
ସୂର୍ଯ୍ୟାସ୍ତ ବିଷୟେ ଯାର କୁହୁକସ୍ପର୍ଶରେ
ଅପେକ୍ଷାର ଗୀତ ଶୁଭେ ତରାଙ୍କର ମୁକ୍ତ ଅନ୍ତଃପୁରେ,
ସେତେବେଳେ କାକରରେ ତିନ୍ତିଥିବା ଫୁଲଙ୍କ ଦରୋଟି
କଥା ଶୁଭେ, ମତେ ଲାଗେ ମୁଁ ବି ଏକ ଛୋଟପିଲା ମୋର
ପାଖେ ଶୋଇଥିବା ପିଲାମାନଙ୍କଠୁ ବୟସରେ କମ୍
(ଯଦିଓ ମୋ ମୁଣ୍ଡଯାକ ଧଳାବାଳ ଓ ଗଣ୍ଠିରେ ବାତର ବିକାର)

ଓ ତାପରେ ଧୀରେ ଧୀରେ ଦିଗ୍‌ବଳୟର
ଝଲ୍‌ମଲ୍ ପର୍ଦ୍ଦାରେ ବା ଅନ୍ଧାରର କଳାପଟା ଦେହେ
ଛିଣ୍ଡାଲୁଗା ପିନ୍ଧିଥିବା ସନ୍ନ୍ୟାସୀର ନିର୍ଭୁଲ୍ ଆକୃତି
ଆପେ ଆପେ ଆଙ୍କି ହୋଇଯାଏ।
ସବୁ କୋଳାହଳ ହୁଏ ପରାଜିତ ସୈନ୍ୟବାହିନୀର
ବିଗୁଲ୍ ଆବାଜ ପରି ଅନ୍ତର୍ହିତ, ବାଟଘାଟ ଏବଂ କୋଠାବାଡ଼ି
ମିଳାଇ ଯାଆନ୍ତି ଦୀର୍ଘଶ୍ୱାସ ପରି ଝାପ୍‌ସା ସମୟରେ।
ଯେଉଁ ବର୍ଷା ପୂର୍ଣ୍ଣକଲା ନଈନାଳ ହ୍ରଦ ଓ ସମୁଦ୍ର
ସମୟ ଏ ଯାଏଁ ତିନ୍ତେ ସେ ଅଜସ୍ର ବର୍ଷାର ପାଣିରେ।

ମୁଁ ତାକୁ ମାଗିବି କଣ ? ଅବିଶ୍ରାନ୍ତ ଖଟିବାର ଫଳ ?
ସେ ତ ମତେ ମିଳିଅଛି - ବାତଗ୍ରସ୍ତ ପ୍ରତିଗଣ୍ଠି, ମୁଣ୍ଡଯାକ ଝୋଟପରି ବାଳ,
ଅସୁଖୀ ଘରଣୀ ଏବଂ ପିଲାମାନେ ଅସ୍ଥିର ଦେବୀଙ୍କ
ସୀତାର୍‌ରେ ଗୋଟେ ଗୋଟେ ତାର ।
କିପରି ମାଗିବି ଅବା ? ମୁଁ ହେଲିଣି ଅଂଶ ତା ସ୍ୱପ୍ନର
ଯେଉଁଥିରେ ମୋ ଶରୀର ନଈ ପରି ଅଗ୍ରସର ହୁଏ
ସମୁଦ୍ର ଆଡ଼କୁ - ତା ନିର୍ମ୍ମମ ଆଶ୍ଳେଷକୁ କିଏ
ମୃତ୍ୟୁ କହେ, ଓ ପୁନର୍ମିଳନ
କହେ ଅନ୍ୟ କିଏ ।

କର୍ମଚାରୀ

ତମେ ମୋର ସଂକ୍ଷିପ୍ତ ସ୍ୱପ୍ନରେ
ଥିଲ ଏକ ଘନିଷ୍ଠତା - ଆହୁରି ସଂକ୍ଷିପ୍ତ -
ଓ ତାପରେ ଶାପଗ୍ରସ୍ତ କୁହୁଡ଼ି ରାତିର
ପରି ହେଲ ଅନ୍ତର୍ହିତ, କରି ଉନ୍ମୋଚିତ
ଦିକ୍‌ଦାର୍ ବିଛଣା ଓ ନିର୍ଲିପ୍ତ ଚଉକି,
ସୁନାକାତି ଛାଡୁଥିବା ଅଜଣା ପ୍ରଭାତ।

ତମେ ଛାଡ଼ି ଦେଇଗଲ ପ୍ରତିଶୋଧ ପରାୟଣ ଭାଇ,
ଲୋକଙ୍କର କୋଳାହଳ, ସମ୍ବାଦପତ୍ରର
ବଡ଼ପାଟି, ଏବଂ ଦୁଆରର
ଠକ୍‌ଠକ୍ ଶବ୍ଦ ଗଉଡ଼ର।
ଆକାଶର ସୂର୍ଯ୍ୟ ବୁଲେ ବୃଦ୍ଧ ମୃତଦାର
ଭଦ୍ରଲୋକ ପରି, ଓ କ୍ରମଶଃ ଅସ୍ପଷ୍ଟ ଆହ୍ୱାନ
ଆସୁଥିଲା ପ୍ରଜାପତି ପଲ ପରି ଉଡ଼ି
(ତମ ସୁବାସିତ ରକ୍ତ ଡେଣାରେ ସବୁରି)
ଉଦ୍ୟାନକୁ ଯେଉଁଠାରେ ବଧୀର ନୃପତି
ଶୁଣୁଥିଲେ ଦୂରାଗତ ପ୍ରଜାଙ୍କ ଗୁହାରି।

ରଜାଙ୍କର ପ୍ରଶ୍ନ ଶୁଣି ପ୍ରଜାମାନେ କେବଳ ହସିଲେ।
ସେମାନଙ୍କ ହସ ଧରି ମୂଲ୍ୟବାନ ମଣିପରି ରଜା
ଗଲେ ଧୋବ ଉଆସକୁ, ସେଠାରେ ଘଣ୍ଟାର
ଟିକ୍‌ଟିକ୍ ଆବାଜର ଘୋ ଘୋ ଗହଳ ଭିତରେ
ଶୁଭେନାହିଁ ରାଣୀଙ୍କ ଉତ୍ତର।

ଚଢ଼େଇ ଗଲେଣି ଉଡ଼ି କେତେବେଳୁଁ, ଦିଗ୍‌ବଳୟରେ
ଦର୍ଜା ବନ୍ଦ ହୋଇଯାଏ ସାଢ଼େ ଦଶଟାରେ।

ଗୃହସ୍ଥ

ମୁଁ କୃତଜ୍ଞ ତମ ପାଖେ
ତମେ ବସି ରହିଥିଲ ମୋର ଅପେକ୍ଷାରେ
ଖୁବ୍‌ବେଳ, କେତେବର୍ଷ ଅନ୍ତତଃପକ୍ଷରେ।
ଇତି ମଧ୍ୟେ ଛୋଟ ଛୋଟ ଚାରାଗଛ ମହାଦ୍ରୁମ ହେଲେ
ଛୁଆମାନେ ଜନ୍ମ ହେଲେ ଏବଂ ମଲେ।
ମୋ ମନରେ, ପ୍ରତ୍ୟେକ ଅଙ୍ଗରେ
କ୍ଲାନ୍ତି, ପ୍ରତିଦେହ ରଖୁଥିଲି ଚଉତି ଚାଇତି
ରେଜେଇ ପରି ଓ ମୋର ଶେଷକଥା ପ୍ରତ୍ୟେକ ପାଟିରେ
ରଖୁଥିଲି ନିଦ ହେବା ବଟିକା ଯେମିତି

ଏଣିକି ଆଗରେ ଦିଶେ ଅସରନ୍ତି ଅନ୍ଧାର ସଡ଼କ,
ପ୍ରାଚୀନ ପଥର ବାଡ଼ ଦୁଇପାଖେ, ଏବଂ ତା'ର ଧୂସର ଧୂଳିରେ
ସଞ୍ଜଦୀପ ଝଲ୍‌ମଲ୍‌। ସେତେବେଳେ ଉଡ଼ି ଯାଉଥିବା
ବାଦୁଡ଼ି ବି ଦେଖୁଥିଲେ ସାର୍ଥକତା ବଞ୍ଚି ରହିବାରେ।
ତା'ପରେ ବାଦୁଡ଼ିପଲ ଉଡ଼ିଗଲେ
କେଉଁଦୂର ପିଜୁଳି ତୋଟାକୁ
ଆକାଶର କଳାପାଟେ
ଢାଙ୍କିଦେଲା ଆମ ଦି ଜଣଙ୍କୁ।

କାକର ପବନ ଦେଲା ପୋଛି ତମ
କପାଳରୁ ବୁନ୍ଦାବୁନ୍ଦା ଝାଳ।
ଆମେ ଦୁହେଁ ପରସ୍ପରେ ଚାହିଁଲୁ, ତମେ ମୋ
ସୁନ୍ଦରୀ ବିଧବା ଏବଂ ମୁଁ ତମର
ସ୍ୱାମୀର କଙ୍କାଳ।

ଏ ସଡ଼କ ଯାଏ ଏକ ବିସ୍ମୃତ ଦେଶକୁ
ଯେଉଁଠି ଶତାବ୍ଦୀମାନେ ମ୍ୟୁନିସିପାଲଟି
ବଗିଚାରେ ଫୁଲପରି ଫୁଟନ୍ତି, ଯେଉଁଠି
ତରାମାନେ ଝୁଲୁଥାନ୍ତି ଝରକା ପାଖରେ,
ଯେଉଁଠି ତମର ଦେହ ମିଶିଯାଏ ଦିଗ୍‌ବଳୟ ଡେଇଁ
ବ୍ୟାପିଥିବା କରୁଣାର ଶ୍ୱେତ ଆଲୋକରେ।
ତମର ଭର୍ତ୍ସନା କିମ୍ବା ଶାଢ଼ୀ ତଳେ ଲୁକ୍‌କାୟିତ
ଧନୁ ଆଉ ଶର
ମତେ ଆଉ ଆତଙ୍କିତ କରିବେନି,
ମୋ ପୁରୁଷକାର
ପର୍ବତ ସହିତ ଅଟେ ଏକାକାର, ହସହସ ତରାଟ ଫୁଲଙ୍କ
ନିର୍ମମ ଝଡ଼ରେ ଏବେ ପତ୍ରେ ପତ୍ରେ
ମୃଦୁ ପ୍ରତ୍ୟୁତ୍ତର।

ତମେ ଏଠି ରହିଥାଅ, ତରା ଏବଂ ତରାଟ ଫୁଲଙ୍କ
ଗହଣରେ। ରଖିଲେ ପଛକେ ରଖ ଆମ ଦୁହିଁଙ୍କର
ଦୁର୍ଭାଗ୍ୟର ଟୁକୁଡ଼ାଏ, କିନ୍ତୁ ଦେଖ ସମୁଦ୍ର ମାରିଲା
ଆକାଶକୁ ଜଳୁଥିବା ଫୁଟବଲ୍, ଓ ଚୌହଦ୍ଦୀ ମୋର ବିଛଣାର
କ୍ରମେ କ୍ରମେ ସ୍ପଷ୍ଟ ହୁଏ (ଯେଉଁପରି କ୍ଷୁଧାର୍ତ୍ତ ଅସୁର)।

ତମେ ଏଠି ରହିଥାଅ
          କିନ୍ତୁ ଥାଅ ମୋର ଅପେକ୍ଷାରେ ।
ଆଉଦିନେ ବିତିଯିବ
          ମାତ୍ର କେତେ ସମ୍ବତ୍ସର ପରେ ।
ଦିନପରେ ଦିନ ବିତେ, ସମୁଦ୍ରର ମାଟିଆ ଲହଡ଼ି
କୂଳରେ ଭାଙ୍ଗିଲା ପରି, କୂଳ କେଡ଼େ ଅସ୍ନା ଦିଶେ
ବିଛଣା ଚାଦର, ଭଙ୍ଗା ହାଣ୍ଡି ଆଉ
          ଚିରା କାଗଜରେ ।

ଜନନୀର ସ୍ନେହ

କି ଫୁଲ ଫୁଟିଛି ଏହି ଇଲାକାରେ ?
ଯେଉଁ ଫୁଲ ପିନ୍ଧିଥିଲା ସମୁଦ୍ର ତା
ଅସ୍ତବ୍ୟସ୍ତ ବେଣୀରେ,
ସମୁଦ୍ର
ବାୟାଣୀ ମାଆଟେ ତାର ନୟନପିତୁଳା
ସନ୍ତାନକୁ ତିଳତିଳ କରି ହତ୍ୟା କରେ,
ତା ରକ୍ତକୁ ନିଜ ରକ୍ତ ସହିତ ମିଶାଇ
ତା ସହିତ ଏକାକାର ହେବାପାଇଁ
ଅଧୈର୍ଯ୍ୟ ଇଚ୍ଛାରେ ।

ଏଠି ମାଟି ଧରିଅଛି କଳଙ୍କ, ଏଠାରେ
ପବନରେ ପଚାଗନ୍ଧ, ଚନ୍ଦ୍ରାଲୋକ ଯାଏ
ଲୁଚି ଲୁଚି ବିକଳାଙ୍ଗ ଶୋକଙ୍କ ଭିତରେ
ବିକୃତ ମୁଦ୍ରାରେ ସ୍ଥାଣୁ ଘରଙ୍କର
ଫାଙ୍କେ ଫାଙ୍କେ ଏକ
ଶୂନ୍ୟତାକୁ ଯେଉଁଠାରେ ଖନେଇ ଖନେଇ
କହୁଥିବା ପିଲାଙ୍କର ସ୍ୱର ଶୁଭେ
ଆତଙ୍କିତ ପତ୍ରଙ୍କ ଭିତରେ ।

ବାୟାଣୀ ମାଆଲୋ ! ତୋ ପାଖରେ ଏସବୁର
କିଛି ହେଲେ ଅର୍ଥ ଅଛି ? ତୋର

କଣ ଯାଏ ଆସେ ଯଦି ଶୁଭେ ନାହିଁ
ଦେଉଳରୁ ଶବ୍ଦ ମୃଦଙ୍ଗର ?
ଝାଟିମାଟି କୁଡ଼ିଆର ଅନ୍ଧାର ପିଣ୍ଡାରେ
ଜଳେ ନାହିଁ ଯଦି ସଞ୍ଜବତୀ ?
ତଥାପି ରହିଛି କିଛି କୋଳାହଳ - ବିଲୁଆ ବୋବାଏ,
ନାନାଦି ସମୁଦ୍ରପକ୍ଷୀମାନଙ୍କର ଡେଣା ଝାଡ଼ିବାର
ଶବ୍ଦ ମଧ୍ୟ ଏକ ଅଭିବ୍ୟକ୍ତି।
ତୋ ନିର୍ମଳ ପାଗଳାମି ଅସ୍ଥା ହୁଏ ନାହିଁ
ଝାଳରେ ବା ଲୋକଙ୍କ ସ୍ପର୍ଶରେ,
ଲୋକଙ୍କର ପିଲାଳିଆ ପ୍ରଶ୍ନ ଖାଲି
ଆବର୍ଜନା ଆକାଶମାର୍ଗରେ।

କି ଫୁଲ ଫୁଟିଛି ଏହି ଇଲାକାରେ ?
ଯେଉଁ ଫୁଲ ବେଶି ଦାମ୍
ସ୍ୱର୍ଗପୁରେ ଇହଲୋକଠାରୁ,
ଯେଉଁ ଫୁଲ ଜାତ ହୁଏ ଅପ୍ସରାମାନଙ୍କ
ଆକସ୍ମିକ ସନ୍ତପ୍ତ ଲୁହରୁ।
ଏ ଦେବଭୂମିରେ ଲୋକେ ଅସଙ୍ଗତ, ସେମାନେ କେବଳ
ପରସ୍ପରେ ପଚାରନ୍ତି, ଆପଣଙ୍କ ସର୍ବାଙ୍ଗ କୁଶଳ ?
ଖୁବ୍ ହେଲେ ପଚାରିବେ ପଞ୍ଚାୟତ ନିର୍ବାଚନ କଥା।
ହତଭାଗ୍ୟ ନପୁଂସକ ! ବିଳମ୍ବରେ ପୁଷ୍ପିତା ସମୟ
ଲୋଡ଼େ ଅନ୍ୟ ରହସ୍ୟର ବର୍ଣ୍ଣାଢ଼୍ୟ ସ୍ତବ୍ଧତା।

ତୋ ସହିତ ଆଳାପରେ କି ଲାଭ,
ବାୟାଣି ?
ତୁ କିଛି ବୁଝିବୁ ନାହିଁ, ତା ଛଡ଼ା ପିଲାଏ
କେତେବେଳୁଁ ମରିସାରିଲେଣି।

ବନ୍ଦୀର କାୟାକଳ୍ପ

୧

ସଡ଼କ ନିର୍ଜନ ସତ, ତଥାପି ରୂପେଲି
ହଂସ ପରି ପହଁରୁଛି ଜହ୍ନର ଆଲୁଅ,
ଜଙ୍ଗଲର ସରହଦ୍ ଆବୋରି ବସିଛି
ପକ୍ଷୀଙ୍କ ନିଦରେ ଘୂର୍ଣ୍ଣ ଓଦା ଦିଗ୍‌ବଳୟ।

ମୋ ଜୋତା ଚକଟି ଚାଲେ ଝଡ଼ାପତ୍ର, ଛୋଟ
ଝିଅଟିଏ କାନ୍ଦିଉଠେ ମାଆର କୋଳରେ।
ମାଆଲୋ, କହିଲୁ କିଆଁ ଆଜି ତୋ ହତାଶା
ହଠାତ୍ ପ୍ରଗଲ୍‌ଭ ହେଲା ବିନା କାରଣରେ ?

ଆଜି ଗୀତ ଗାଉଅଛି ଝିଙ୍କାରୀ ଅନେକ
ଶତାବ୍ଦୀର ନିରୁଦ୍ଦିଷ୍ଟ ଚଟିଘରଙ୍କର,
ଆଜି ଶ୍ରାନ୍ତ ମଟରର ଧକ୍‌କାରେ ନିହତ
ମେଘପରି ମଫସଲି ଦେବଦୂତଙ୍କର।

ସେ ଫେରନ୍ତି ଟଳିଟଳି ବିରସ ଉଦ୍‌ବେଗେ।
ଠିଆହୋଇ ମୋ ଦୋତାଲା ଛାତରେ କହନ୍ତି,

ତମେ ଯିଏ ଏକା ଏକା ବୁଲୁଅଛ
ନିରୋଳା ରାସ୍ତାରେ
ତମେ ନିଶ କାଟିଦିଅ ଖୋଲିଦିଅ
ଟାଇ କମିଜରୁ,
ବାଷ୍ପ ହୋଇ ଉଡ଼ି ଯାଇଥିବା ତା ମାଆର
ଶେଷ ଇଚ୍ଛାଥିଲା ତମେ ଏ ଝିଅକୁ ତମର ଛାତିରେ
ଥରେ ହେଲେ ଜାକିଧର
ମରିବା ପୂର୍ବରୁ ।

୨
ପତ୍ରଝଡ଼ି ଯାଇଥିବା ଗଛମାନେ ଠିଆ ହୋଇଛନ୍ତି
ଇଟାଘର ସାମ୍‌ନାରେ ହାଡ଼ମାଳ ଭିକାରୀଙ୍କ ପରି,
କିନ୍ତୁ ଏହି ସୁନାରଙ୍ଗ ଶଯ୍ୟାଗାର
ଆଚ୍ଛାଦିତ ଅଶେଷ ସ୍ୱପ୍ନରେ
ଏବଂ ଦାନ୍ତ ଚିପି ହାତ ମୁଠାକରି
ମୁଁ ବସିଛି ତାର ଅଗଣାରେ ।

ଶୁଖିଲା କୂଅକୁ ଗରା ବାଲ୍‌ଟି ଧରି ଯିବା ଲୋକଙ୍କର
କୁଢ଼ କୁଢ଼ କଙ୍କାଳରେ ପରିପୂର୍ଣ୍ଣ ଏ ମରୁଭୂମିରେ
ଜଣେ ମାତ୍ର ଲୋକ ଅଛି-
ସୁଲ୍‌ତାନ୍, ସେ କାନ୍ଦିବ ନାହିଁ
ଅସଂଖ୍ୟ ବ୍ୟାକୁଳ ଲୋକ ଡାକୁଥିଲା ବେଳେ
ତା ରାଜ୍ୟରେ ପାଚେରୀ ବାହାରେ
ସେ ବସି ରହିବ ଚିରା ସାମିଆନା ତଳେ ।
ହାଓ୍ୱାର ବାର୍ତ୍ତାରେ କିଛି ମାନେ ନାହିଁ । ପ୍ରତ୍ୟେକ ମୁହୂର୍ତ୍ତ
ଛବିଳ ତା ଅସରନ୍ତି ମରୁଡ଼ିର କର୍କଶ ଖରାରେ ।

ଯେତେଥର ଦୂର୍ ଦୂର୍ କଲେ ବି ସେ
ବାରମ୍ବାର ଆସେ ଦୁଆରକୁ
ଖାଲି ଭିକଥାଳ ଧରି। ବସି ରହିଲେ ବି
ବନ୍ଦ କରି ଆଖି ଓ କାନକୁ
କେତେ ଛଦ୍ମବେଶ ଧରି ସେ ଫେରେ। ମାଆର
ନିର୍ବୋଧ ସ୍ନେହ ବା କେଉଁ ସ୍ତ୍ରୀଲୋକ
ଆର୍ଦ୍ର ନୀରବତା
କିମ୍ବା ନିଛାଟିଆ ଗଳି ମୋଡ଼େ ଏକ ଅଚିହ୍ନା ଲୋକର
କୁଶଳ ଜିଜ୍ଞାସା ରୂପେ ଅଗଣାକୁ ଫେରେ ପୁନର୍ବାର।

ସବୁ ଦର୍ଜା ବନ୍ଦ ଏବେ
ସବୁ ରାସ୍ତା ଆଗକୁ ଦୁର୍ଗମ,
ଏବଂ ଏହି ଅପନ୍ତରା କୋଣେ କୋଣେ
ରକ୍ତପାତ, ଭୀଷଣ ସଂଗ୍ରାମ।
ତରବାରୀ ବାଜିବାର ଶବ୍ଦ ଶୁଭେ
ଇସ୍ପାତ ଢାଲରେ
ଓ ଯଦିଓ ସେନାପତି ନେକ୍‌ଟାଇ
ବାନ୍ଧେ କମିଜରେ,
ଯଦିଓ ସେ ନିଶାମୋଡ଼େ ତଥାପି ଏ
ତରାମାନେ ପ୍ରଥମ ଯାମର
ଭିକାରୀମାନଙ୍କ ସାଙ୍ଗେ ଏକ୍‌ଜୁଟ୍,
ପବନ ତା କାନଫଟା ଭିକଦିଅ ରଡ଼ିରେ ଆଉଁସେ
ନୀଳବର୍ଣ୍ଣ ଦ୍ୱିଧା ମୋର ବୟସ୍କ ଆତ୍ମାର।

୩

ଝିଅ ଲୋ ଗାଆ ସେ ଗୀତ ଗାଆନ୍ତି ଯାହାକୁ
ଲୋକମାନେ ପ୍ରିୟଜନ ମରିଯିବା ପରେ,

ଯେଉଁ ଗୀତ ମୁର୍କିହସ ବିଛାଏ ବୁଢ଼ାଙ୍କ
ଧୁଡୁ ଧୁଡୁ ଚମବେଢ଼ା ଦଦରା ମୁହଁରେ

ନେଇଯା ମୋ ତରବାରୀ, ମୁକୁଟ ଓ ମୋର
ବାକ୍ୟ ଓ ଐଶ୍ୱର୍ଯ୍ୟଶାଳୀ ଅତୀତର ଛବି,
ହାୱାରେ ସୁବାସ ପରି, ଅଶିଣ ରାତିରେ
ଗୀତର ମୂର୍ଚ୍ଛନା ପରି ମୁଁ ଆଜି ଭାସିବି।

ଏ ଜହ୍ନ ଆଲୁଅ ଏବଂ ରାତିର କାକର
ମତେ ଚୂନା କରିଦେବେ ଓଜନ ଖୁସିରେ
ମୁଁ ତେଣୁ ରହିବି ତୋର ମୁହଁରେ ଯେଉଁଠି
ଲୁହଧାର ଅନ୍ଧାରୁଆ ଭଉଁରୀ ଅନେକ
ଜିତାହରା ଯୁଦ୍ଧଙ୍କର, ଅର୍ଥହୀନତାର,
ଯାର କ୍ଷତ ଅଲିଭା ତୋ ଦୟାର୍ଦ୍ର ମୁହଁରେ।

ଝିଅ ଲୋ ତୋ ସୌନ୍ଦର୍ଯ୍ୟରେ ଆଚମ୍ଭିତ ହୁଏ
ଇତିହାସ, ବାସୀଗନ୍ଧ ଯୁକ୍ତିତର୍କଙ୍କର
ଆତ୍ମହତ୍ୟା କରେ। ମତେ ଯଦିଓ କିଏ ସେ
କିଛି ପଚାରେନି ସବୁ ବୁଝି ହୋଇଯାଏ,
ଏବଂ ତୋ ବିଷର୍ଣ୍ଣ ହସ ସୁନେଲୀ ଖରାରେ
ମୁଁ ଉଡୁଚି ଏଣେ ତେଣେ ପ୍ରଜାପତି ପରି,
କାକରରେ ଓଦା ଡେଣା, ସତ କାହାଣୀର
ଭଗ୍ନାବଶେଷର ବହୁ ଯୋଜନ ଉପରେ।

ଆତ୍ମୀୟଶତ୍ରୁତାର ଚାରିଟି କବିତା

୧

ଚାଲ ଆମେ ଖେଳିବା ଆମର
ହସମାନେ ସାମ୍ନାସାମ୍ନି ହୁଅନ୍ତୁ ଯଦିଓ
ଦୁହିଁଙ୍କର ଦୃଷ୍ଟି ଥିବ ତଳକୁ ଯଦିଓ
ମତେ ଖାଲି ଦେଖାଯିବ ତମ ପାଦ
          ଝୋଟିପରି ତୋଫା ଆଉ ଅବିସ୍ମରଣୀୟ ।
ତମକୁ ଦିଶିବ ଖାଲି ମୋର ଯୋତା,
          ତାହାହିଁ ଉଭୟ
ପକ୍ଷର ମୁରବୀଙ୍କର ଇଚ୍ଛା ଥିଲା ।
          ଆଜି ତେଣୁ ଖେଳପଡ଼ିଆରେ
ଆମର ମିଳନ କିମ୍ବା ମୁକାବିଲା
          ଏକା କଥା ଦୁନିଆଁ ଆଖିରେ ।
ତଥାପି ବି ବେଳେ ବେଳେ
          ଉଠିଚାଲେ ସନ୍ତ୍ରସ୍ତ ଚାହାଣି
ପାଞ୍ଚ ଛଅ ଫୁଟ ଲମ୍ବା ମରୁଭୂମି ଭିତରେ ଯେଉଁଠି
ହରଦମ୍ ନିଆଁ ଜଳେ,
          ପବନର ବିକଟାଳ ଗର୍ଜନ ନ ଶୁଣି
ଘୃଣାର ନିଆଁରେ ସିଝି ।
          ପରସ୍ପରେ ଯେବେ ଭେଟାଭେଟି

ଗୋଟାପଣେ ଭିଜିଥାଏ ଲୁଣିଆ ପାଣିରେ
ତମ ଦୃଷ୍ଟି ଏବଂ ମୋର ଦୃଷ୍ଟି।
କିନ୍ତୁ ତମେ ହାଇମାର, ସେ ବାଷ୍ପର ବହଳ କୁହୁଡ଼ି
ଆମକୁ ତଫାତ୍ କରେ।
ଉଭୟଙ୍କ ହସମାନେ ସାମ୍ନାସାମ୍ନି ହୁଅନ୍ତି, ଆମର
ସୁଖରେ ଦୁନିଆଁ ସୁଖୀ, ଏବଂ ମୋ ଆକ୍ଷିରେ
ପଡ଼େ ପୁଣି ତମ ପାଦ, ଅପାସୋରା ଲାବଣ୍ୟ ତାହାର,
ସେ ପାଦର କ୍ରମେ କ୍ରମେ ସ୍ମୃତି ହେବା, ଇତିହାସ ହେବା,
ଅବଶେଷେ ନିଶ୍ଚିହ୍ନ ହେବାର।

୨

ତମର ଓ ମୋର ଯେତେ
ଶତ୍ରୁତା ତାହାର
ନିଆଁରେ ଅଙ୍ଗାର ହେବେ
ଦେବଦେବୀ ପ୍ରତ୍ୟେକ ଦେଶର।
ଦିଅଁମାନେ ଶାନ୍ତିପ୍ରିୟ,
ଛୁଆଙ୍କର ଜନ୍ମମୁହୂର୍ତ୍ତରେ
ହସୁଥାନ୍ତି, ଦିଅଁମାନେ ପହଁରନ୍ତି
ନଈର ସେ ନିଭୃତ କୋଣରେ
ଯେଉଁଠି କୂଳର ଗଛମାନଙ୍କର ଛାଇ ମିଶେ
ଛାପ୍ ଛାପ୍ ଜହ୍ନ ଆଲୁଅରେ।
ସେମାନେ କରିବେ କ'ଣ ତମର ଓ ମୋର ଏହି
ସମୁଦ୍ର ଭିତରେ
ଯେଉଁଠି ଅପରିଚ୍ଛନ୍ନ ଢେଉଙ୍କ ଭର୍ତ୍ସନା
ଶୁଭୁଥାଏ ତାରାଙ୍କ ଦୁଆରେ ?

ଦେବଦେବୀମାନଙ୍କଠୁଁ
ଏ ଜାଗାରେ ସାହାଯ୍ୟ ମିଳେନି,
ସେମାନେ ବୁଝନ୍ତି ନାହିଁ କେଉଁପରି ଶବ୍ଦର ଛୁରୀରେ
ଚିରିହୁଏ ପ୍ରଚ୍ଛନ୍ନ ଧମନୀ,
ଆମର କୁହୁକ ଆକ୍ଷି କେଉଁପରି ସୃଷ୍ଟିକରେ
          ଲାଗ୍‌ଲାଗ୍ ସ୍ୱପ୍ନଙ୍କ ନାଟକ
ପକେଟ୍‌ରେ ସ୍ୱର୍ଣ୍ଣମୁଦ୍ରା ଭର୍ତ୍ତିକରି
          ଅସାଧ ସାଧନ କରେ ଯେଉଁଠି ପ୍ରେମିକ,
ବା ପ୍ରେମିକା ରଫୁ କରେ ଚିରାମୋଜା
          ବା କମିଜ୍ ଇସ୍ତ୍ରି କରୁଥାଏ,
ତା ବେକରେ ଚୁମା ଦେଲେ ଏପରିକି ଆଲିଙ୍ଗନ କଲେ
          ଚଣ୍ଡାଳୁଣୀ ଖାଲି ହସୁଥାଏ।

୩

ଆଜି ମୋର ଭାବନାରେ ପକ୍ଷୀଲାଗେ, ଆଜି ମୋ ଭାବନା
ଅନାୟାସେ ଅତିକ୍ରମ କରେ ଆମ ଦୁହିଁଙ୍କୁ ତଫାତ୍
କରୁଥିବା ପାହାଡ଼କୁ ବୁଦା ବୁଦା ଜଙ୍ଗଲ ଯାହାର
ସୁବାସିତ କରେ ଆମ ଦୁହିଁଙ୍କ ବିଛଣା।

ମୁଁ ଆସିଛି ଘୋଡ଼ା ଚଢ଼ି, ଫତେଇରୁ ଝାଳଗନ୍ଧ ହୁଏ,
ନିଃଶ୍ୱାସର ଯୁଗ ଯୁଗ ଶୋଷ ଆସେ ଗୋଡ଼ ଟିପି ଟିପି
ତମ ବାଳ ନିକଟକୁ, ପ୍ରଥମ ବର୍ଷାରେ
ଭିଜିଥିବା ବଣ ବାସ୍ନା ଗୋଛା ଗୋଛା କଇଁଫୁଲଙ୍କର
ବାସ୍ନା ଆଉ ସମୁଦ୍ରେକ କସ୍ତୁରୀର ବାସ୍ନା ତମ ଅଥୟ ବାଳରେ।
ମୁଁ ଆସିଛି ଫିଙ୍ଗିଦେଇ ଯାହା ଥିଲା ଓଜନ୍‌ଦାର୍ ବା
ଅଖାଡୁଆ, କୋଟ୍ କୁର୍ତ୍ତା ପାକସ୍ଥଳୀ ଯକୃତ୍ ପ୍ରଭୃତି।
ମୁଁ ଆସିଛି ପର୍ବତଙ୍କ ଛାଇତଳେ ଶୋଇକରି ଏବଂ
ମୁଁ ଦେଖିଛି ପରୀମାନେ ବ୍ରେସିଅର୍ ଖୋଲିଦେଇ ରାତିକ ନାଚନ୍ତି

ସୋରିଷ ଫୁଲଙ୍କ ଆର୍ଦ୍ର ଚଟାଣରେ, ମୁହଁରେ ମୁହଁକୁ
ଯୋଡ଼ି ଦେଇ ରାସ୍ତାମାନେ କାନ୍ଦୁଥାନ୍ତି, ଘରମାନେ ବଂଶବିବରଣୀ
କହୁଥାନ୍ତି ଓପାସରେ ବସିଥିବା ଅନାଥ ଛୁଆକୁ ।

ତମ ବନ୍ଦ ଦୁଆରର
ଅନ୍ତରାଳୁଁ ଉଦାସ ଉତ୍ତର-
ଅତିଶୀଘ୍ର ଚାଲିଯାଇ ଘୋଡ଼ାଶାଳେ
ଘୋଡ଼ାଟିର ଦେଖାଶୁଣା କର ।
ମୁଁ ମୋର ବିଫଳ ଡାକ
ଚଢ଼ିକରି ଫେରିବା ସମୟେ
ବେଜାୟ ଚିନି ଓ ଦୁଧ ମିଶିଥିବା ଚାହାରେ ତମର
ଶୁଖିଥିବା ଆତ୍ମା ଓଦା ହୁଏ ।
ତମ ଦେହେ ପୋଡ଼ାଗନ୍ଧ
ବଣପୋଡ଼ି ଜତୁଗୃହ ଦାହ
ପାଟ ଆଉ ପୀତାମ୍ବରୀ ପୋଡୁ ଥିବା ଗନ୍ଧ ଆଉ
ପୋଡ଼ା ଧାନ ପେଟ୍ରୋଲ କାଦୁଅ ।

ମୁଁ ରହିଛି ଘୋଡ଼ାଶାଳେ, ରାତି ମୋର ଦୀର୍ଘ ଓ ଅନ୍ଧାର
ଘୋଡ଼ା ତ ଗଲାଣି ମରି, ଆଜି ନ ହେଲେ ବି
ଦିନାକେତେ ପରେ ନିଶ୍ଚେ ହୋଇଥାନ୍ତା ଦେହାନ୍ତ ତାହାର ।
କିନ୍ତୁ ତମେ କହ କଣ ଆସିଥିଲି ଏତେଦୂର ବାଟ
ପବିତ୍ର କରିବା ଲାଗି ତମର ଲୋଳିତଚର୍ମ ଏକାକୀ ସ୍ଥିତିକୁ
ମୋ ସ୍ୱପ୍ନଙ୍କ ରକ୍ତେ ଧଳା ସକାଳ ପର୍ଯ୍ୟନ୍ତ,
ଯେତେବେଳେ ଏକମାତ୍ର ରାତ୍ରି ମୋର ଛୋଟେଇ ଛୋଟେଇ
ଫେରିଯାଏ ଦିକ୍‌ଦାର୍ ମରିବାର ଆଦିମ ନିଦକୁ ?

୪
ଆମ ବିଭାଘର ଦିନ ବୁଢ଼ୀ ରାକ୍ଷାସୁଣୀ
ଆସିଥିଲା, ତମକୁ ସେ ଦେଲା ଚଢ଼େଇର

ପାଚିଲା ଡାଳିମ୍ବ ପରି ଲାଲ୍ ଶବ, ମତେ
ଦେଲା ଧନୁ, ନାନାବିଧ ଶର।
ଶରରେ କଳଙ୍କି ଲାଗେ, ଚଢ଼େଇର ଶବ
ସଢ଼ିଯାଏ, ଏପରି ଭାବରେ
ଦୁହିଁଙ୍କର ମନସ୍କାମ ପୂର୍ଣ୍ଣ ହୁଏ ମୁଁ ତମକୁ ଅବା
ତମେ ମତେ ଛୁଇଁବାର ସ୍ୱପ୍ନ ଆରମ୍ଭରେ।

ଆମର ହତାଶା କ'ଣ ତ୍ରିଲୋକସୁନ୍ଦରୀ,
ପିନ୍ଧିଛି ନିଆଁର ସାୟା ? ତା ବିପଜ୍ଜନକ
ପବିତ୍ରତା ଆଗେ ସବୁ ଶବ୍ଦ ତରଳିଲେ।
ଆମେ ଖାଲି ବସିରହୁ ଦିନ ଦିନ ଧରି
କାଳେ ବା ଆସିବ ଏକ ସବୁଜ ଆତଙ୍କ,
କାଳେ ସେ ଓଟାରିନେବ ତଣ୍ଟିରୁ ଆମର
କେଉଁ ଚମତ୍କାର ଶବ୍ଦ ଯେଉଁଥିରେ ଥିବ
ମହୁ ଆଉ ନିଆଁ ଆଉ ଚୁପ୍‌ଚାପ୍ ଲୁହ
ପବନ ଆକାଶ ଆଉ ଅନିଦ୍ରା ଦେହର
ପାପ ଆଉ ଛୁଟୀ ଆଉ ଅଳସ ମଧ୍ୟାହ୍ନ
ବହୁତ ପ୍ରତିଜ୍ଞା କରି ଦେବ ବୋଲି ତମେ
କହିଥିଲ, ମୁଁ ବି କହିଥିଲି ଆମ ବିଭାଘର ଦିନ।

ଧାନକ୍ଷେତ

ଧାନ କ୍ଷେତ ଅପନ୍ତରା, ଖାଲି ଯାହା ଥୁଣ୍ଟା ହଳଦିଆ
ମୂଳମାନଙ୍କରୁ ବୁହେ ଠପ୍ ଠପ୍ ସ୍ଫଟିକ କାକର,
ଧାନକ୍ଷେତ ମନପରି ଯେଉଁଥିରେ ସୁଖଦୁଃଖ କିଛି ନାହିଁ; ଖାଲି
ରହିଛି କେବଳ କିଛି ନିରୁଦ୍‌ବିଗ୍ନ ସ୍ମୃତି କେବକାର।

ଧାନକ୍ଷେତ ଦିନେ ଥିଲା ସାବ୍‌ଜା ଏବଂ ଧାନଗଛମାନେ
ସାବ୍‌ଜା ଅସୁରୁଣୀ ପରି ଗିଳିବାକୁ ଆସୁଥିଲେ ଖରା ଓ ଆକାଶ,
ଧାଡ଼ି ଧାଡ଼ି ତାଳଗଛ ବୋଲହାକ କଳା ଲୋକ ପରି
ଠିଆ ହୋଇଥିଲେ ଏବଂ ସଞ୍ଜବେଳେ ଗାଆଁର ନିର୍ଜ୍ଜନ
ଗୋହିରୀରେ ଲକ୍ଷ ଲକ୍ଷ ସାବ୍‌ଜା ଦୀପମାନଙ୍କ ସୁବାସ।
ସେଥିରେ ଫାଇଦା କ'ଣ? ବୁଢ଼ାଲୋକେ ମଲେ, କେତେଜଣ
ପିଲା ମଧ୍ୟ ମଲେ, କେତେ ଘର ପୋଡ଼ିଗଲା ଓ କେତେକ
ନାରୀଙ୍କର ଅକାଳରେ ଗର୍ଭପାତ ହେଲା ଏବଂ ତହିଁ ଆରଦିନ
ସକାଳେ ପୁନଶ୍ଚ ଖରା ରାତିବେଳେ ପୁଣି ଚନ୍ଦ୍ରାଲୋକ,
ପୁଣି ମେଘ ଢାଙ୍କିଦିଏ ବିଦ୍ୟାଧର ବିଦ୍ୟାଧରୀମାନଙ୍କ ନଗ୍ନତା,
ପୁଣି ତମେ ଲାଲ୍ କସ୍ତା ପିନ୍ଧ ଡାକ ଅପ୍ରସନ୍ନ ଯୋଗିନୀର ଡାକ।

ଧାନକ୍ଷେତ ଅପନ୍ତରା, ଗୋଟି ଗୋଟି କରି
ପ୍ରତ୍ୟେକ ରହସ୍ୟ ଏବଂ ପ୍ରତ୍ୟେକ ବଡ଼ିମା

ଶୀତ ଋତୁ ଭାଙ୍ଗ ଦେଲା, ଶୀତ ଋତୁ ଆସିଥିଲା ନାନା ରୂପ ଧରି,
ପିଲା ହୋଇ, ଗାଈଗୋରୁ ହୋଇ ଏବଂ ନାନା ହତିଆର ହୋଇ,
ଶୀତଋତୁ ଆସିଥିଲା ରାସ୍ତାକଡ଼େ ପୁରୁଣା ସ୍ୱେଟର୍
ବିକୁଥିବା ଲୋକ ହୋଇ, ତା ସଫେଦ୍ ଦୀପ୍ତିରେ ଆମର
ଆକ୍ଷି ବୁଜି ହୋଇଗଲା, ଯୋଡ଼ହସ୍ତେ ପ୍ରାର୍ଥନା କରିବା
ଆଗୁଁ ଆମେ ଦେଖିଲୁ ଯେ ଆମେ ଠିଆ ନିଜ ନିଜ ଘରେ,
ଆମ ଦେହେ ଫଳ ନାହିଁ, ଓ ଶୋଚନା ଠପ୍‌ଠପ୍ ହୋଇ
ବୋହିଯାଏ ଫ୍ରେମ୍‌ବନ୍ଧା କୁନି କୁନି ଫଟୋମାନଙ୍କରେ ।

ମୁହୂର୍ତ୍ତ ହିଁ ପୂର୍ଣ୍ଣାଙ୍ଗ ଜୀବନ

ଏଠାରେ ପାହାଡ଼ ଦିଶେ ସାବୁଜା
　　　ପୁଣି ଦିଶେ ଧୂସର ଓ କଳା
ଏଠାରେ ପଡ଼ିଆ ଜଳେ ଦିପହର ଝାଞ୍ଜିରେ ଓ
ସଞ୍ଜବେଳେ ପବନରେ ଥୁରୁଥୁରୁ ହୁଏ,
ଏଠାରେ ମେଘର କେତେ ରଙ୍ଗ ଏଠାରେ ତରାଙ୍କ
ଅନୁନୟ ବିନୟରେ ରାତିପାହିଯାଏ ।

ଏଠି ମୋ ଦେହାନ୍ତ ହୁଏ, ଏଠି ପୁଣି ମୁଁ ପିଲା, ମୋ ଦେହ
କି ସୁନ୍ଦର ଦିଶେ ଖାଲି ହାଫ୍‌ପ୍ୟାଣ୍ଟ୍ ଖଣ୍ଡିକରେ, ଏବଂ ତା ବ୍ୟତୀତ,
ଏଠାରେ ତମର ମୋର ଘୋର ଯୁଦ୍ଧ ଯେଉଁଥିରେ ମୋର ପରାଜୟ
ମତେ ଭଲଲାଗେ । ଏଠି ତମ ଦେହର ନିଭୃତ
ଛାଇଛାଇ ସଡ଼କର ପ୍ରତି ମୋଡ଼େ ମହୁର ସୁରେଇ ।
ମୁଁ ତମକୁ ଘୃଣାକରେ ହତ୍ୟାକରେ ଅଥଚ ତମର
ଅସ୍ଥି ଧରି ଫେରି ଆସି ଭାବେ ଯେ ମୁଁ ଯିବି ଦେଶାନ୍ତର
ବଦ୍ରିନାଥ ହରିଦ୍ୱାର ଗୟା ପୁରୀ ରାମେଶ୍ୱର ଯିବି,
ମୁଁ କିନ୍ତୁ ଭୟାଳୁ ଖୁବ୍ କାଳେ ମୋର ନିଃସଙ୍ଗ ଭ୍ରମଣ
ବେଳେ ତମ ଖିଲ୍ ଖିଲ୍ ହସୁଥିବା ଯୌବନକୁ ହଠାତ୍ ଭେଟିବି ।

ଏଠାରେ ମୋ ପଛେ ପଛେ ଦୈତ୍ୟମାନେ
ଦଉଡ଼ନ୍ତି ଚଢ଼ି କରି କାକର ପବନ ।

ମୋ ଆଖିଠୁଁ, ଆକାଶକୁ ଲମ୍ବିଥିବା ବାଟକୁ ଆବୋରି
ଶାଳପତ୍ରମାନେ କିନ୍ତୁ କରୁଛନ୍ତି ମୋର ଜୟଗାନ।
ମୁଁ ବାଟ ଅଣ୍ଡାଳି ଚାଲେ
ଅନ୍ଧ ହୋଇ ଆଲୁଅର ସ୍ମୃତି ଅଭିମୁଖେ
ମୋ ଆଖିଠୁଁ ଆଉଥରେ ଉଇଁବାକୁ ନାରାଜ ସୂର୍ଯ୍ୟକୁ
ଲମ୍ବିଥିବା ସଂକୀର୍ଣ୍ଣ ସଡ଼କେ।
ମୁଁ ପୁଣି ତପସ୍ୟା କରେ
ବସି ମୋର ଅହଙ୍କାରଙ୍କର
ପବିତ୍ର ଦେଉଳ ଦେହୁଁ ଖସିଥିବା ପଥର ଉପରେ
ଅକସ୍ମାତ୍ ପଦ୍ମ ହୁଏ କାନ୍ଦଣା ଯାହାର।

ଅଳ୍ପକରେ ନୀଳବର୍ଣ୍ଣ ଆକାଶ ହୁଅନ୍ତା
ରକ୍ତବର୍ଣ୍ଣ, ଶୁଖିଯାନ୍ତା ସମୁଦ୍ରର ପାଣି
କିନ୍ତୁ ମୋର ଲୋଚାକୋଚା ବିଛଣାରୁ
ବିଷାକ୍ତ ଶରରେ
ଘାଏଲ୍ ଚଢ଼େଇ ପରି
ଉଠି ଧୀରେ ଧୀରେ
ଚାଲିଯାଏ ମୋର ଦୁଃଖ, ତମେ କିଏ ଶଇତାନ୍, କିମ୍ବା ଦେବଦୂତ ?
ଏଠାରେ ମୁଁ ଶୁଣେ ତମ ଅଟ୍ଟହାସ୍ୟ, ତମେ କଣ ମୋର
ଜୀବନର ଦର୍ପଣ ନା ରୋକ୍‌ଠୋକ୍ ଶେଷ ଭବିଷ୍ୟତ ?

ଏକି ଆଚମ୍ବିତ ଦୃଶ୍ୟ ଦେଖ ଭାଇ ଦେଖ
ବାପା ମାଆ ଆଉ ପୁଅ ଜନ୍ମ ହେଲେ ଗୋଟିଏ ସମୟେ।
ଘୋ ଘୋ କମ୍ପୁଥିବା ବଜାର ଭିତରେ
ବିକୁଥିବା ଲୋକମାନେ ମୂକ।
ଏ ସବୁ ସଙ୍କେତ ଭାଇ ବୁଢ଼ୀଙ୍କ ମୁହଁରେ
ଗାର ପରି ଚିରସ୍ଥାୟୀ ଓ ନିର୍ଦ୍ଦୟ ବିପଦମାନଙ୍କ,

ଭୟଙ୍କର ଯେଉଁପରି ଅମଙ୍ଗଳ ରକ୍ତବର୍ଷା ଯେବେ
ଯୁଦ୍ଧ ଲାଗି ସଜବାଜ ଚାଲେ ଦେଶଯାକ।
ଏ ମୋର ଧାର୍ମ୍ମିକ ମନ ମୋର ହାତ ରକ୍ତ ଜର୍ଜ୍ଜରିତ
ସ୍ୱେଚ୍ଛାସେବକଙ୍କ ପରି ଘୁମାନ୍ତି ଓ ମଝିରେ ମଝିରେ
ହଠାତ୍ ଉଠନ୍ତି ଜହ୍ନ ଆଲୁଅ ପୋଷାକ
ପିନ୍ଧିଥିବା କୁହୁଡ଼ିର ବିବ୍ରତ ଡାକରେ।
ସମସ୍ତେ ଶୋଇବା ପରେ ବସି ରହେ କାହା ଅପେକ୍ଷାରେ
ସହରର ଅପଲକ ବିଜୁଳୀ ଆଲୁଅ ?
କାହାପାଇଁ ? ଶେଷ ଟ୍ରେନ୍ ଚାଲିଗଲା ତରାଙ୍କ ଭିତରେ।
ମୁଁ ଦୁଃଖିତ, ମାତ୍ର ନିରୁପାୟ।

ଖରା ଆସେ

ଖରା ଆସେ କି ପ୍ରକାରେ ? ପିଜୁଳି ଗଛକୁ
ଖପ୍ କରି ଡେଇଁଥିବା ମାଙ୍କଡ଼ ପ୍ରକାରେ ।
ଖରାର କି ଲମ୍ବା ଗୋଡ଼ ! ଦୁଇତିନି ତାଲା
ଘର ଉପରକୁ ଚଢ଼ି ସକାଳୁ ସକାଳୁ
ଫିଟିଥିବା ଝରକାକୁ ରଙ୍ଗ କରେ, ଖରା ଡେଇଁପଡ଼ି
ଆତୁର ପ୍ରେମିକ ପରି ପାହାଡ଼ ପ୍ରମାଣ
କୋକେଇକୁ ବିଞ୍ଚିଦିଏ ରୂପାଖଇ ସୁନାର କଉଡ଼ି ।

ଖରା ଆସେ ଛପି ଛପି,
ତରାଙ୍କର ପ୍ରତିବିମ୍ବ ସବୁ
ହଠାତ୍ ହଜେଇ ଦେଇ ହତବାକ୍ ପୋଖରୀହୁଡ଼ାରେ,
ଖରା ଆସେ କୁହୁଡ଼ିର ପଛେ ପଛେ କେଉଁ
ଗୋରା ତକ୍ ତକ୍ ଛୁଆ ମୂମୂର୍ଷ ମାଆର
କାନି ଧରି ଉଠି ଆସେ ଆକାଶର ପାହାଚ ଉପରେ ।
ଖରା ଆସେ ଠକ୍ ଠକ୍ କରି ଦୁଆରକୁ
ବନ୍ଦ ଅରଣ୍ୟର, ଅଭିଶପ୍ତ କୋଳପ ହଲାଇ,
ଖରା ଆସେ ଶହ ଶହ ପ୍ରଶ୍ନ ପଚାରି ଓ
ଉଙ୍କିମାରି ବାହାରର ଗଛଡ଼ାଳୁଁ, ତାକୁ

ଆଲିଙ୍ଗନ କରିବାକୁ ଲୋଡ଼େ ପତ୍ର ଗହଳ ଭିତରୁ
ଅଧୈର୍ଯ୍ୟ କାନ୍ଦଣାଟିଏ, ଖରା ଆସେ ଆଉ
ଚାଲିଯାଏ ଏ ଦେଶର ପାହାଡ଼ ଉପରୁ
ଖରାର ହଳଦୀ ରଙ୍ଗ ସ୍ୱପ୍ନ ପଡ଼ିରହେ,
କ୍ରୁଦ୍ଧ ଦିଅଁ ମାନଙ୍କର ଆଗ୍ନେୟ ନିଃଶ୍ୱାସେ
କାଳକ୍ରମେ ଜଳିଯାଇ ସନ୍ଧ୍ୟାବେଳ ହୁଏ ।

ଶେଷ ଦିନ ଅସରନ୍ତି ଦିନ

ଅନିବାର୍ଯ୍ୟ ଥିଲା ଆମ ଭେଟାଭେଟି
            ପୁଣି ତାହା ଏପରି ବେଳରେ
ପଦାକୁ ଆସିବା ଲାଗି କେହି ହେଲେ ଅନିଚ୍ଛୁକ ହେବ
            ବିଶେଷତଃ ସ୍ତ୍ରୀଲୋକ ସାମ୍ନାରେ ।
ଏପରି ବେଳ ସେ ଥିଲା ଯେତେବେଳେ ଅତଡ଼ା ଖାଇବା
            ନଈଦାଢ଼େ ଠିଆ ହୋଇ ନିଜକୁ ପଚାର
ତମପରି ଲୋକ କଣ ଉପଯୁକ୍ତ ଅଟେ
            ଆତ୍ମହତ୍ୟା ପରି ସିଧାସଳଖ ମୃତ୍ୟୁର ?
ଏପରି ବେଳ ସେ ଥିଲା ଯେତେବେଳେ ଜହ୍ନର ବୁଡ଼ିବା
ଜଣା ଯାଉଥିଲା ତମ ଜୀବନର ସ୍ୱର୍ଗୀୟ ପ୍ରତୀକ
ଅନ୍ଧାର ରାତିରେ ବର୍ଷା ପତ୍ରଙ୍କ ଉପରେ
ପଡ଼ିବାର ଶବ୍ଦ ପରି ଅସରନ୍ତି ମୁହୂର୍ତ୍ତଗୁଡ଼ିକ ।

ଏହା ମଧ୍ୟ ଅନିବାର୍ଯ୍ୟ ଥିଲା
            ଆମ ଭେଟାଭେଟି ପରେ
ମୁଁ ବୁଲିବି ମରୁଭୂମି ପାହାଡ଼ ପର୍ବତ
ଡେଇଁ ନାନା ଗାଆଁ ଓ ସହରେ,
ମୋ ପାଖେ ନ ଥିବ କିଛି
            ଛାଡ଼ିଦେଲେ ତମ ଅଲୌକିକ
ଆସିବାର ସ୍ମୃତି ଏବଂ ଘୃଣା ଏହି ଦେହର ଉପରେ ।

ଏ ଦେହ କେବଳ ଜାଣେ ଦୁଆରୁ ଦୁଆରୁ
ବୁଲି ବୁଲି ଭିକ ମାଗିବାକୁ
ସନ୍ଧ୍ୟାବେଳ ପବନରେ ବାସ୍ନାପରି ତମର ନଗ୍ନତା
ବିଚ୍ଛୁରିତ ହେଲାବେଳେ ସନ୍ତୁଷ୍ଟ ହେବାକୁ।

ମୁଁ ବୁଲିବି ଦେଶୁଁ ଦେଶ
ମରୁଭୂମି କିନ୍ତୁ ନୁହେଁ ଏକ
ବହୁତ ପର୍ବତମାଳା
ତା ଭିତରେ ଦିନେ ଅଚାନକ
ମୁଁ ଦେଖିବି ମୋ ସମୟ
ବସିଅଛି ଆତତାୟୀ ପରି
ମୋ ବାଟକୁ ଚାହିଁ ତମ ଛବି ଅଙ୍କା
ଫାର୍ଶା ହାତେ ଧରି।

ଏହା ସବୁ ଅନିବାର୍ଯ୍ୟ, ଯେତେବେଳେ ତମେ ଆଲିଙ୍ଗନ
କଲ ମତେ, ଏବଂ ତମ ଛାତିରେ ମୁଁ ବୁଡ଼ିଗଲି
ହଠାତ୍ କେଉଁଠି
ଭୂମିକମ୍ପ ହେଲା, କେଉଁ ସହରର ରକ୍ତାକ୍ତ ଦେଉଳ
କୋଠାଘର ବିଦ୍ୟାଳୟ ଗାଡ଼ି ଘୋଡ଼ା
ବ୍ୟକ୍ତିଗତ କୃତିତ୍ୱର କଳକବ୍ଜା
ସବୁ ଭାଙ୍ଗି ଧୂଳିସାତ୍ ହେଲା।
ମୁଁ ଶୁଣିଲି ତମ ହସ ଘଡ଼ଘଡ଼ି ଶବ୍ଦ ପରି
ଏକାଧାରେ ସନ୍ତୁଷ୍ଟ ଓ ଭୀଷଣ ଭୋକିଲା।

ମୁଁ ଜାଣିଛି ଏହା ଅଟେ ଅନିବାର୍ଯ୍ୟ
ତମେ ଥିବ ମୋର ଅପେକ୍ଷାରେ
ମୋ ପାଇଁ ଉଦ୍ଦିଷ୍ଟ ଏକ ଚକ୍ ଚକ୍ ଫାର୍ସାର ଇସ୍ପାତେ
ଅସରନ୍ତି ସମ୍ଭୋଗର ବାଧ୍ୟବାଧକତା
ଆଖିରେ ଓଠରେ ଏବଂ ସମଗ୍ର ଦେହରେ।

ଭାରତର ତିନିଟି ପ୍ରଧାନ ଋତୁ

୧

ଜଳିବାକୁ ସଜବାଜ ବସନ୍ତ ଭିତରେ
ମରିବାରେ କିଛି ହେଲେ ଚାକଚକ୍ୟ ନାହିଁ,
ମାମୁଲି ଅଚେତ ହେବା ମୁଣ୍ଡ କଚାଡ଼ିବା
ନାହିଁ, କିମ୍ବା ଏକ ନିର୍ଦ୍ଦିଷ୍ଟ ବେଳରେ
ସରେ ନାହିଁ ଅଗୋଚର ଅନ୍ଧାର ଭିତରୁ
ରେଳଗାଡ଼ି ପରି ଛୁଟେ କେଉଁ ଜଣାଶୁଣା
ସକାଳର ସହରକୁ ଭଙ୍ଗା ଲାଇନ୍‌ରେ।

ପଡ଼ିଆରେ ଓ ଗଳିକନ୍ଦିରେ
ଭଙ୍ଗାରୁଜା ବିବେକର ଆବର୍ଜ୍ଜନାପୂର୍ଣ୍ଣ କୋଠରୀରେ
ଅଚଳ ପାପୁଲି ବସି ରହେ ମନସ୍ତାପେ,
ଡାକବାଲା ପରି ବୁଲେ ଆତ୍ମା ଖୋଜି ନିଖୋଜ ଠିକଣା।
ତମେ ଭଲଅଛ ପରି ଶବ୍ଦ ମରିଗଲେ
ଜନଶୂନ୍ୟ ମରୁଭୂମି ହୋଇଥିବା ମନର ହଠାତ୍
ମଧ୍ୟାହ୍ନର ପ୍ରଖର ଉତ୍ତାପେ।

୨

ଏଠାରେ ସବୁଜ ରଙ୍ଗ ଗଦା ଗଦା,
          ଧାନ କ୍ଷେତ ଦିଶେ

ସବୁଜ ସମୁଦ୍ର ପରି
ଏଠାରେ ଧୂସର
ରଙ୍ଗ ଗଦାଗଦା ମୁଣ୍ଡ ଉପରେ, ଏଠାରେ
ବର୍ଷାର ରୁଦ୍ରାକ୍ଷମାଳା ଆକାଶ ଜପନ୍ତି
ଧୂସର ରଙ୍ଗର ମେଘମାନଙ୍କର
ପର୍ଦ୍ଦା ଉହାଡ଼ରେ ।

ଦୁହିଁଙ୍କର ବୁଝାମଣା
ଦିନସାରା ଏବଂ ରାତିସାରା ।
ସେବାଟେ ମଟର ନେଇ
ଚାଲିଯାଏ ବିଦେଶୀ ବିଚାରା
କେଉଁ ଫାଙ୍କା ଦୂରତ୍ୱକୁ ।
ତା’ ଆଖିରେ ଢଳ ଢଳ ଲୁହ,
ବର୍ଷାଦିନେ ସବୁ ଓଦା,
ରାସ୍ତାଘାଟ, ଦେହ ଆଉ ମୁହଁ

୩
ଆଗରୁ ତମର ଆତ୍ମା ଲୁକ୍‌କାୟିତ ଥିଲା
ବର୍ତ୍ତମାନ
ଶରୀର ବି ଆଚ୍ଛାଦିତ
ଅସତ୍ୟ ଫୁଲରେ
ଶୋଭିତ ରେଜେଇ
ଦେହ ଆଉଁସିବା ଲାଗି
ବ୍ୟାକୁଳ ପ୍ରେମକୁ ତଡ଼େ
ମଖମଲ୍ ଟାହି ଟାପରାରେ ।

ଶୋଇରହ, ଶବ୍ଦମାନେ
ବାକ୍ୟଠାରୁ ବୃହତ୍ତର ଚଞ୍ଚଳ ଆବେଗ
ଥରନ୍ତୁ ରାତର ଶୀତେ
ଓ ଦେଖନ୍ତୁ ତମର ନିଭୃତ
କୋଠିର ଅଟଳ ଲୁହା ଦର୍ଜ୍ଜା ଦେଇ
କିପରି ନିଗିଡ଼ି ପଡ଼େ ଅକ୍ଲାନ୍ତ କାକର,
କିପରି ଗଛଙ୍କ ଛାଇ ଲମ୍ବିଯାଏ।
ତମର ଓ ପୃଥିବୀର ମତରେ ଗର୍ହିତ
କଥାର ଆଳାପ ଚାଲେ ତରାଙ୍କ ଭିତରେ।
ଆକାଶରେ କୁହୁଡ଼ିରେ ଅବାରିତ ପ୍ରତିଧ୍ୱନି ତା'ର।
ଚାହୁଁ ଚାହୁଁ ଚାଲିଯାଏ ବିଷର୍ଣ୍ଣ ସମୟ
ସିନ୍ଦୂରା ଫାଟିବା ଆଗୁଁ ପୁଣି ଜନ୍ମାନ୍ତର।

ଯେତେବେଳେ ତମ ରାତି ପାହିଯିବ
ଓ ନଥିବ ଆଉ ସୂର୍ଯ୍ୟୋଦୟ,
ସେତେବେଳେ ଏହି ଶବ୍ଦ
କେଡ଼େ ହିଂସ୍ର, ପ୍ରତିଶୋଧପ୍ରିୟ !

ମେଘ

ମେଘ ଉଠେ ପାହାଡ଼ ଉପରେ,
ଉଚ୍ଚ କୋଠାଘର ଛାତ ଉପରେ, ମେଘର
ମୁହଁ ହସ ହସ ମେଘ କାନ୍ଦିବ କି କଣ,
ଆଲିଙ୍ଗନ କରିବାକୁ ମେଘ ଆଗଭର,
ପଛଘୁଞ୍ଚା ଦେଉଥିବା ମୋ ଜୀବନ ଯାଚେ
ନିଷିଦ୍ଧ ମେଘକୁ ତାର ଶେଷ ନମସ୍କାର।

ନୀରବ ଗୀତର ଲୁହ
ମେଘର ଆକ୍ଷିରେ,
ମେଘ ମୁଣ୍ଡ ପୋତିଦିଏ,
ମୁଣ୍ଡଭର୍ତ୍ତି ଅଲରା ବାଳରେ,
ହାତ ମୋର ଥରିଯାଏ
ଏ ମାମୁଲି ହାତର ଶିରାରେ
ଖାଲି ସେହି ରକ୍ତ ଯାହା
ଟିଣ ଟିଣ ମିଳେ ବଜାରରେ।

ମେଘ ମନା ମାନେ ନାହିଁ
ଓଦା ଓଦା ନିଃଶ୍ୱାସରେ ଡାକେ।
ବର୍ଷାର ଅତର ଲାଗି
ମୋର ମୃତ୍ୟୁ ହଠାତ୍ ମହକେ।

ହଠାତ୍ ଦିନେ

ଆମର ସାକ୍ଷାତ ହୁଏ
ବହୁ ବର୍ଷ ପରେ
ପରସ୍ପରଙ୍କର ନାନା ବୟସର ସନ୍ତାନସନ୍ତତିମାନଙ୍କର
ସମଭିବ୍ୟାହରେ,
ସେମାନେ ହିଁ ଅନିବାର୍ଯ୍ୟ ପରପୃଷ୍ଠା ପରି
କାହାଣୀର ଯେଉଁଥିରେ ପ୍ରେମିକପ୍ରେମିକା
ହେଲେ ଦୁଇ ଗଛ ଅବା ଦୁଇ ବାଲିକୁଦ।
ଆମେ ଦୁହେଁ କଥାବାର୍ତ୍ତା କଲାବେଳେ ଏକ
ଫାଙ୍କା କ୍ରୋଧ କାହୁଁ ଆସି ଖିନ୍‌ଭିନ୍ କରେ
ସୁନ୍ଦର ପୁରୁଣା ଗୀତମାନଙ୍କର ନିଦ।
ଆଉ କଣ କେଉଁଠାରେ ଅଛି ଖାଲି ଜାଗା
ଯେଉଁଠାକୁ ତମେ ମତେ ଟାଣି ନେଇଯିବ
ହାତ ଧରି, ଏବଂ ମାତ୍ର ଗୋଟିଏ ହସରେ
ପାଉଁଶିଆ ଅତୀତ ଓ ରକ୍ତହୀନ ବଳକା ଆୟୁଷ
ଅନାୟାସେ ନିଶ୍ଚିହ୍ନ କରିବ ?

ନିଜେ ନିଜେ ରଖିନେଲୁଁ
ଯାହା ଆମେ ପରସ୍ପରେ ଦେବା କଥା ଥିଲା।
ଆଜି ଖାଲି ଦେଇ ପାରୁଁ
କପେ ଚାହା, ବା ପିଲାମାନଙ୍କୁ
ବିସ୍କୁଟ୍, ପିଲାମାନେ କାହିଁକି କେଜାଣି
ବିଦେଶରେ ପଡ଼ିଥିବା ସୈନ୍ୟଙ୍କର ମୁର୍ଦ୍ଦାର ଉପରେ
ମେଘ ପରି ଭାସିଯାନ୍ତି ଶୂନ୍ୟ ଆକାଶରେ।

ନର୍ତ୍ତକୀ

ସେ ଆସିଛି ନାଚିବାକୁ ଶେଷଥର, ଦେଖ
ତା ସୂନ୍ଥା ଉଜ୍ଜ୍ୱଳ ଦିଶେ ମଟର ଆଲୁଏ
ରାତି ଅଧେ ଗ୍ରାମାଞ୍ଚଳ ରାସ୍ତା ପରି, ମତେ
କିନ୍ତୁ ଖୁବ୍ ଭଲଲାଗେ ତାର ବାଳ, ତା ବାଳରେ
ଦୂର ପର୍ବତର ଦୁଃଖ ଓ ଉତ୍କଣ୍ଠା ଥାଏ।
ସ୍ୱପ୍ନବର୍ଣ୍ଣ ବାଳ ତାର ଏତେ ବହଳ ଯେ
ସେ ଅରଣ୍ୟେ କେତେ ମୃତ୍ୟୁ ନିରୁଦ୍ଦିଷ୍ଟ ହୁଏ।

ତା ପାଦ କମ୍ପୁଛି, କେଉଁ ନାଚ ଚେଷ୍ଟା କରେ
ଛୁଆ ପରି ବାହାରିବ ଓ କାନ୍ଦିବ ବଡ଼ପାଟି କରି
ପୃଥିବୀପୃଷ୍ଠରେ, ଏତେ ଲୁହ କଣ କେବେ
ଜାଗା ହୁଏ ଗର୍ଭବାସେ ? କିନ୍ତୁ ମୋର ନର୍ତ୍ତକୀ ଦେହରେ
ଯାଗା କାହିଁ? ଯାଗା କାହିଁ କୌଣସି ମଞ୍ଚରେ ?

ଉଠି ଆସ ନର୍ତ୍ତକୀ ଲୋ, ଦେଖଣାହାରିଏ
ଅଧୈର୍ଯ୍ୟ ହେଲେଣି। ମୁଁ ଜାଣିଛି ମଞ୍ଚ ଉପରକୁ
ଆସି ତୁ ନାଚିବା ଲାଗି ପାଦ ବଢ଼ାଇବା
ମାତ୍ରକେ ମରିବୁ, କ୍ରୋଧ ଆଉ ଘୃଣାରେ ମରିବୁ
ଏବଂ ଫେରିଯିବୁ ତୋର ଗର୍ଭର ନାଚର
ଅନ୍ଧାରକୁ, କିନ୍ତୁ ଯଦି ନ ନାଚି ରହିବୁ

ତଥାପି ରହିବ ମୃତ୍ୟୁ ଘଣ୍ଟା ଘଣ୍ଟା ଶୂନ୍ୟ ଅପେକ୍ଷାରେ।
କାଳକ୍ରମେ ସେ ଅପେକ୍ଷା କଳା ଦିଶେ ବୁଢ଼ାଦିନ ପରି,
କାଳକ୍ରମେ ପବନରେ ପଚାଗନ୍ଧ, ଥଣ୍ଡାଲାଗେ ଶେଯ,
ସଡ଼କ ବଜାର ଶୂନ୍ୟ, ଶୂନ୍ୟ ଦିନ, ଶୂନ୍ୟ ରାତି, ଖାଲି
ନିଛାଟିଆ ଷ୍ଟେସନରେ ଟ୍ରେନ୍ ଚାଲିଯିବାର ଆବାଜ।

ଦୁଇଟି ମାତ୍ରକ ମୃତ୍ୟୁ, ତୋର ନାହିଁ ତୃତୀୟ ଉପାୟ।
ଅଧୈର୍ଯ୍ୟ ଦେଖଣାହାରୀ।
ପୁନର୍ଜନ୍ମ ଅନିଶ୍ଚିତ।
ବିଦାୟ ବିଦାୟ।

ତମେ ଚାଲିଯିବା ପରେ

ତମେ ଚାଲିଯିବା ପରେ
ସମୟ ଦିଶିଲା ଏକ ରାତିଅଧ ବିମାନବନ୍ଦର।
ରାତି ଭିତରକୁ ଲମ୍ବି ଯାଇଥିଲେ ନୀଳବତୀମାନ।
ବକ୍ତବ୍ୟ ତ ପରିଷ୍କାର, ବତୀଙ୍କ ଉତ୍ତାରୁ
ଅପ୍ରମିତ ଅନ୍ଧକାର ଘୋଟିଥିବ ଚଉଦଭୁବନ।
ନଥିବ କୌଣସି ବତୀ ନୀଳ କିମ୍ବା ଦୋସରା ରଙ୍ଗର।
ବକ୍ତବ୍ୟ ତ ପରିଷ୍କାର, ବତୀବିନା ତମବିନା ଏବଂ
ଆଶା ବିନା ମୋ ଗନ୍ତବ୍ୟ ସେହି ଅନ୍ଧକାର।

ଆଖି ବୁଜି ଦେଲି, ଆଖି ପଛଆଡ଼େ ଲାଗେ
କେଉଁଠାରେ ଭୀଷଣ ଯନ୍ତ୍ରଣା।
ସତେ ଅବା ଭାଙ୍ଗିଗଲା ବ୍ୟୋମଯାନ ଓହ୍ଲାଇଲା ବେଳେ,
ଲିଭିଗଲା ଆଲୁଅ ଓ ସରଳବିଶ୍ୱାସୀ
ହସ ନିରୁଦ୍ଦିଷ୍ଟ ହେଲା ଅପ୍ରସ୍ତୁତ ଭବିଷ୍ୟତ କୋଳେ।
ସତେ ଅବା ଛାଡ଼ିଗଲା ରଙ୍ଗ ମୋର କୋଠରୀ କାନ୍ଥରୁ,
ସତେ ଅବା ଗାଲିଚା ଓ ଶେଯ ଓଦା କେବର ବର୍ଷାରେ।
ମତେ ଜଣାଗଲା ଆଉ ଏ କୋଠରୀ ମୋର ହୋଇ ନାହିଁ।
ଏଠାରେ ମୁଁ ଆଗନ୍ତୁକ, ମୋ ସମୟ ନଷ୍ଟ କରେ, ବସି
ହସଟିଏ ଉତ୍ପାଦନ କରିବାର ବିଫଳ ଚେଷ୍ଟାରେ,
ଅଥବା ଚାହୁଁଛି ଦେବି ଜୀବନ୍ୟାସ ସ୍ମୃତିଙ୍କୁ ଅଥବା

ଥୁରୁଥୁରୁ ହାତେ ଗଢ଼େ ଭାଗ୍ୟକୁ ବା ତଡ଼େ
ଖରାକୁ ଏଠାରୁ ମୋର ଦିକ୍‌କାର୍ ଅଜସ୍ର ହାଇରେ।

ତମେ ଚାଲିଯିବା ପରେ ଆଉ କିଛି ଯାଏ ଆସେ ନାହିଁ,
ମୋ ଦୃଷ୍ଟି ଶ୍ରବଣ ଆଉ ସ୍ପର୍ଶ ଆଦି
ମୋ ଆୟତ୍ତାଧୀନ ଅବା ଯାହାକିଛି ଘଟିଲା ତା ଯୋଗୁଁ
ଅସଂଯତ ମନ ଦେଖେ ଅବାସ୍ତବ ରୂପ ଧାଡ଼ି ଧାଡ଼ି।
ତମକୁ ତମର ଲୁହ ଓ ଗୀତକୁ ଧ୍ୱଂସ କରୁଥିବା
ସତ୍ୟର ନିର୍ମଳ ଜ୍ୟୋତି କିଏ ଯିବ ଲୋଡ଼ି ?

ତମେ ଦେଖାଯାଅ (ତମେ ଚାଲିଯିବା ପରେ)
ନାନାରୂପେ, କୌଣସି ରୂପର
ଅସ୍ତିତ୍ୱ ଯଦିଓ ନାହିଁ ବର୍ତ୍ତମାନେ ଅବା ଭବିଷ୍ୟତେ
ପ୍ରତିରୂପ ଏଡ଼ିଦିଏ ତାଚ୍ଛଲ୍ୟରେ ସମୟକୁ ଯାହା
ବିନା ବାକ୍ୟବ୍ୟୟେ ବାଣ୍ଟି ହୋଇଯାଏ ଅତୀତକାଳ ବା
ବର୍ତ୍ତମାନକାଳ କିମ୍ବା ଭବିଷ୍ୟତକାଳର ଖୋପରେ।
ଏଠାରେ କେବଳ ଅଛି ଗୋଟିଏ ସମୟ,
ସେଥିରେ ଜୀବନ ପରେ ମୃତ୍ୟୁ ନାହିଁ କିମ୍ବା ମୃତ୍ୟୁ ପରେ
ପ୍ରାୟଶ୍ଚିତ ନାହିଁ, ସବୁ ମିଶାମିଶି ସେହି
ସମୟରେ, ଏବଂ ଯେବେ ସେ ସମୟ ସରିଯିବ କିଛି
ନ ଥିବ କେବଳ ଥିବ ଅମାପ ଅନ୍ଧାର
ପ୍ରାଣହୀନ ସମୁଦ୍ର ଓ ପ୍ରାଣହୀନ ତରାଙ୍କ ଭିତରେ।

ଶିଷ୍ଟାଚାର

୧

ଏକଦା ଗୋଟିଏ ଜନ୍ମ
ପରେ ମରି ଶୋଇଥିଲା ବେଳେ
ନୀଳବର୍ଣ୍ଣ ବାଲିଙ୍କର ମହାସାଗରରେ
ମୁଁ ଶୁଣିଲି ଶବ୍ଦଙ୍କର ପ୍ରାଗୈତିହାସିକ
ବିଦାୟକାଳୀନ ଧ୍ୱନି ଦୂରଦୂରାନ୍ତରେ,
ମୁଁ ଦେଖିଲି ଦିଗ୍‌ବଳୟ ଲାଲ୍‌ପଡ଼େ
ଫାଶୀଦଣ୍ଡ ପାଇଥିବା ଅଜ୍ଞାନ ହସରେ,
ଅଥବା ନିକଟବର୍ତ୍ତୀ ନିଆଁର ଆଲୋକେ।
ସେଠି ଥିଲା ମୋ ଶୈଶବ ଯୌବନ ହୃଦୟ
ଓଠର ଉଷ୍ଣତା ତମ ଭ୍ରୁଲତା ତଳର
ଛାଇ ଛାଇ ସଡ଼କରେ ଦୋଦୋପାଞ୍ଚ ହାତ
ଆଖିର ଆଗ୍ନେୟଗିରି କେତେ ଦେଶ ମହାଦେଶ କେତେ
ନିଷିଦ୍ଧ ରାତିର ଶେଷେ ମୁଲାଏମ୍ ସୁନେଲି ପ୍ରଭାତ।

ବର୍ତ୍ତମାନ ଏ ପୃଥିବୀ ଭୁଲିଯିବ
ମୋ ଜ୍ୱଳନ୍ତ ରାତି ସବୁ ରକ୍ତସ୍ନାତ ଅନେକ ସକାଳ।
ମୁଁ ଦେଖିଲି ପୂର୍ବଦିଗୁଁ ପଶ୍ଚିମ ଦିଗକୁ
ଲମ୍ବିଯାଏ ଏକ ହାସ୍ୟରୋଳ।

ମୁଁ ଦେଖିଲି ଫୁଲ ଫୁଟେ
ଦିନେ ମରିଯାଇଥିବା ଗଛଙ୍କର ସବୁଜ ଡାଳରେ,
ପ୍ରଜାପତିମାନେ ଉଡ଼ି ବୁଲୁଥିଲେ
ସମୟର ପୁନର୍ବାର କୁଳୁ କୁଳୁ ଝରଣା କୂଳରେ।
ଏହା କ'ଣ ମୃତ୍ୟୁ ? ବା ପୌନଃପୁନିକ ଜୀବନ
ନିଜକୁ ଓ ଦୁନିଆର ଦେଖୁଅଛି ମାଗିଆଣିଥିବା
ଆଖିରେ ? ଅବଶ୍ୟ ମୁଁ ମୃତ, ଯେଣୁ ମୋର
ରକ୍ତରେ ଉତ୍ତାପ ନାହିଁ, ପ୍ରତିଧ୍ୱନି ନାହିଁ ମୋର ଶବ୍ଦର।

୨
ତଥାପି ମୁଁ ଖୋଜୁଅଛି ବଞ୍ଚିବାର ସାକ୍ଷ୍ୟ ଓ ପ୍ରମାଣ।
କିଏ ମତେ ତାହା ଦେବ ? ମୋ ଅଙ୍ଗପ୍ରତ୍ୟେଙ୍ଗ
ଦେବେ ନାହିଁ, ହାତଗୋଡ଼ ବାଷ୍ପୀୟ ଆକାରେ
ହଜିଗଲେ ପରସ୍ପରେ ନ ଚିହ୍ନିବା ତରାମାନଙ୍କର
ଆଦିମ ଦୂରତା ମଧ୍ୟେ। ଜଣାଶୁଣା ଲୋକେ ଦେବେ ନାହିଁ।
ସେମାନେ ତ ନିଜେ ଭାସିଯାଉଛନ୍ତି ନଈର ପ୍ରଖର
ସୁଅରେ ଅଜଣା ଏବଂ ଅନ୍ଧକାରାଚ୍ଛନ୍ନ ମୁହାଣକୁ।
ସମସ୍ତେ ଅସ୍ଥିର ଆମେ, ପ୍ରତି ମିନିଟ୍‌ରେ
ଗୋଟିଏ ସ୍ଥିତିରୁ ଯାଉଁ ପୃଥକ୍ ସ୍ଥିତିକୁ
ଏତେ କ୍ଷିପ୍ର ଗତିରେ ଯେ ମୁଣ୍ଡ ଘୂରିଯାଏ,
କେତେବେଳେ ସ୍ୱର୍ଗ ଦିଶେ ନର୍କ ଦିଶେ ଆଉ କେତେବେଳେ,
କେତେବେଳେ ପକ୍ଷୀଙ୍କର କାକଳିରେ ସାନ୍ତ୍ୱନା ଶୁଭେ ତ
କେବେ ମୋର ନଶ୍ୱରତା ପରିଷ୍କାର ଦିଶେ ଅସ୍ତାଚଳେ।

୩
ମନେକର ଦିନେ ତମେ ବିଦାୟ ଦେବାକୁ
ଷ୍ଟେସନ୍‌କୁ ଗଲ କେତେ ମିନିଟ୍ ଆଗରୁ
ଟ୍ରେନ୍ ଚାଲିଯାଇଥିଲା ବକ୍ତବ୍ୟ ତମର
ନିଜ ପାଖେ ରହିଗଲା, ଜୀବନଟାଯାକ

ଆଉ ଦେଖା ହେବ ନାହିଁ; ପୁଣି ମନେକର
ତା' ରୋଗଶଯ୍ୟାରେ ବସି ତମେ ଭାବୁଥିଲ
କିପରି କହିବ ତାକୁ ତମେ ତାକୁ କେତେ ଭଲପାଅ,
ହଠାତ୍ ତା ପ୍ରାଣବାୟୁ ଉଡ଼ିଗଲା; କିମ୍ବା ମନେକର

ତମେ ହଠାତ୍ ଜାଣିଲ ଯେ ତମ ବ୍ୟୋମଯାନ
ଧ୍ୱଂସ ହୋଇଯିବ ମାତ୍ର କେତେ ସେକେଣ୍ଡରେ
ତା ଭିତରେ ଖଞ୍ଜା ବୋମା ଫୁଟିଯିବା ଯୋଗୁଁ;
ମନେକର ଏହିପରି ନାନାଦି ଅବସ୍ଥା,
ତାପରେ ଜାଣିବ ତମେ ଜୀବନଟା ପ୍ରକୃତପକ୍ଷରେ
ସାଧୁସନ୍ଥମାନେ ଯାହା କହିଥିଲେ, ଯେତେ ସୁଖ ଦିଏ
ତାଠାରୁ ଅଧିକ ଦିଏ ଅସନ୍ତୋଷ, କିନ୍ତୁ ଜାଣିବାର
ନିର୍ଯ୍ୟାତନା ଓ ତିକ୍ତତା ତମର ଓ କେବଳ ତମର।

୪

କାହାଣୀ ସରିବ ନାହିଁ, ଶବ୍ଦ ଅନ୍ଧ ଭିକାରୀଙ୍କ ପରି
ବୁଲୁଥିବେ ଅପନ୍ତରା ଇତିହାସଯାକ,
ବା ମୂକ ଲୋକଙ୍କ ପରି ବର୍ଣ୍ଣହୀନ ଶୂନ୍ୟତା ଭିତରେ
ରହୁଥିବେ। ଏକଦା ଶବ୍ଦଙ୍କ
ମାଲିକ ମୁଁ ଥିଲି, ଶବ୍ଦ ଇଚ୍ଛାମତେ
ଖଞ୍ଜି ମୁଁ ତିଆରୁଥିଲି ଅନେକ ସମ୍ପର୍କ।

ଆଜି କିନ୍ତୁ ଯଥେଷ୍ଟ ହୁଅନ୍ତା
ଛଅ ସାତଗୋଟି ଶବ୍ଦ, ଏପରିକି ଦୁଇ ତିନିଟିରେ
କାମ ଚଳିଯାନ୍ତା, କିନ୍ତୁ ଏ ତରା ନ ଥିବା
ରାତି ଗିଳିଦେଲା ସବୁ ଶବ୍ଦ ମୋର, ପବନ ସହିତ
ସବୁ ଶବ୍ଦ ଉଡ଼ିଯାନ୍ତି, ଅନ୍ଧାର ଭିତରେ
ମୁଁ ଦେଖୁଛି ଆସେ ମୋର ଅନ୍ତିମ ମୁହୂର୍ତ୍ତ
କେତେରୂପେ- ଦୁର୍ଘଟଣା, ଆତ୍ମହତ୍ୟା,

ରୋଗାକ୍ରାନ୍ତ ବାର୍ଦ୍ଧକ୍ୟ ରୂପରେ,
କେତେବେଳେ ଥପ୍‌ଥପ୍ ରକ୍ତ ବୋହୁଥିବା
ତଲୁଆର୍ ଧରି ଆସେ ତେବେ
ଏକୁଟିଆ ତାସ୍ ଖେଳେ ପାହାଡ଼ ଖୋଲରେ।
ମୁଁ ତାକୁ ଅପେକ୍ଷା କରି ରହିଥିବାବେଳେ
ଚାହୁଁ ଚାହୁଁ ମଣିଷର ଲଜ୍ଜା ହୋଇଯାଏ,
ବାରଣ୍ଡାରେ ବସିକରି ସିଗ୍ରେଟ୍ ପିଏଁ ବା
ଚୁମ୍ବା ଦିଏ ସ୍ତ୍ରୀଲୋକ କପାଳେ,
ମୁଣ୍ଡ ଟେକି ପାରେ ନାହିଁ କହିପାରେ ନାହିଁ
ପଦେ କଥା ବା ହାତ ବଢ଼ାଇ
ସ୍ତବ୍‌ଧ ମହାଦେଶଙ୍କର ଉପାନ୍ତରେ ଥିବା
ପିଲାଙ୍କୁ ମୁଁ ଛୁଇଁପାରେ ନାହିଁ।

୫

ମୋର ଆଉ ଭୟ ନାହିଁ
ତଲୁଆର୍ ଧରା ପାଗଳକୁ,
ସହସ୍ର ସହସ୍ର ଥର ମୁଁ ମରିଛି ଏବଂ
ସହସ୍ର ସହସ୍ର ପୁଣି ଜୀବନକୁ
ଫେରିଆସି ଆଉଁସିଛି ଫୁଲଙ୍କ ପାଖୁଡ଼ା,
ଦଉଡ଼ିଛି ପ୍ରଜାପତିମାନଙ୍କ ପଛରେ
କାରଣ ଶାସ୍ତ୍ରୋକ୍ତମତେ ଈଶ୍ୱର କରନ୍ତି
ଏତଦ୍ଦ୍ୱାରା ପ୍ରମାଣ ଯେ ପ୍ରକୃତ ପକ୍ଷରେ
ମୃତ୍ୟୁ ନାହିଁ, ମୃତ୍ୟୁ ଅଛି ଖାଲି ହୃଦୟର
ଅନ୍ଧାରରେ ଓ ଆଶାର ଅସମର୍ଥତାରେ।
ଆଜି କିନ୍ତୁ ପ୍ରୟୋଜନ ନାହିଁ
ପ୍ରମାଣ କରିବା ଲାଗି ମୁଁ ବଞ୍ଚିଛି ବୋଲି।
ଆଜି ଯଦି ଫୁଲଫୁଟେ କୀଟଙ୍କୁ ଜଣାଅ
କୃତଜ୍ଞତା, ଯଦି କିଏ

କହେ ଯେ ଶୁଣିଛି ବୋଲି ଚୁପ୍‌ଚାପ୍ କାନ୍ଦଣା ତମର
ଡାକ୍ତରଙ୍କୁ ଡାକ, କିମ୍ବା ଆକାଶକୁ ଚାହଁ।
ଆକାଶର ଶୂନ୍ୟତା ହିଁ ତୁମକୁ ଓ ତାକୁ
ଈଶ୍ୱରଙ୍କ ପ୍ରତ୍ୟୁତ୍ତର, କାହାର ଏଡ଼ିକି
ଆସ୍ପର୍ଦ୍ଧା ଯେ ଲୁହାଢାଳି ଶ୍ୟାମଳ କରିବ
ଅସ୍ୱଚ୍ଛନ୍ଦ ସମୟର ଦୁଗ୍‌ଧ ଭୂଖଣ୍ଡକୁ ?

ଉଜ୍ଜ୍ୱଳ ଭବିଷ୍ୟତ

୧

ସମୟ କୃପଣ କେଡ଼େ ! ମନା କରିଦେଲା
ଆଉ ଏକ ଚନ୍ଦ୍ରପକ୍ଷ ରାତି ମୋ ଦେହକୁ ।
କୋଇଲିର ତଣ୍ଟି ଚିପି ଦେଲା, ତା ମତରେ
ଗୋଟିଏ ଗୀତ ହିଁ ଖୁବ୍ । ଓପର ଓଳିକୁ
ଚାହୁଁ ଚାହୁଁ ରଖିଦେଲା ଦୃଷ୍ଟି ବା ସ୍ପର୍ଶର
ଅପହଞ୍ଚ ଅନ୍ଧାରର ସିନ୍ଦୁକ ଭିତରେ ।
ସମୟ ଅନେକ ଥର
            ନିଶାର୍ଦ୍ଧରେ ଝଡ଼ ହୋଇ ଆସେ
ଖୋଲା ରହିଯାଇଥିବା ଝର୍କା ବାଟେ
            ବର୍ଷାପାଣି ସରସର ଉଦ୍‌ଭ୍ରାନ୍ତ ବତାସେ,
ପତ୍ନୀଙ୍କର ଫଟୋଗ୍ରାଫ୍
            ଫିଙ୍ଗିଦେଇ ଚୂର୍‌ମାର୍ କରେ,
ଛିଗୁଲାଏ ଜଙ୍ଗଲର
            ଶୂନ୍ୟଗର୍ଭ ଉଚ୍ଚ କାନ୍ଦଣାରେ ।
ଯନ୍ତ୍ରଣା ଯଥେଷ୍ଟ ହେଲା
            ଭାବୁଥିବା ଲୋକକୁ ସମୟ
କେତେବେଳେ କୃପଣ ତ
            କେତେବେଳେ ବିଭୀଷିକାମୟ ।
ତମେ ଚାଲିଯିବାପରେ ନଈମୁହାଣରେ

ମୁଁ ରହିଲି ଠିଆହୋଇ। ମେଘ ଘୋଟି ଆସେ
ଆକାଶରେ। ବହୁବର୍ଷ ତଳେ
ଛାଡ଼ିଥିବା ଘରକୁ ମୁଁ ପହଁରି ପହଁରି
ଫେରିବାକୁ ଅସମର୍ଥ। ସବୁ କିଛି ଦିଶେ
ଏକା ପରି। ଉଡ଼ି ଯାଉଥିବା
ଚଢ଼େଇ ଯାଆନ୍ତି ମିଶି ଗୋଟିଏ ଦୁଃଖରେ,
ସେ ଦୁଃଖ ଗୋଟିଏ ଲମ୍ବା ସରୁ ଛାଇ ପରି
ମଣିଷମାନଙ୍କୁ ଯୋଡ଼େ ତାଙ୍କ ଅପେକ୍ଷାରେ
ଜଳୁଥିବା ନିଆଁ ସଙ୍ଗେ। ଚତୁର୍ଦ୍ଦିଗେ ତାର
ଲହଡ଼ି ଭାଙ୍ଗିବା ଶବ୍ଦ ଏବଂ ସଂସ୍କୃତରେ
ପ୍ରେତକୃତ୍ୟ ମନ୍ତ୍ରଙ୍କର ଅମଙ୍ଗଳ ସ୍ୱର।

୨
ମୁଁ କଣ ପିନ୍ଧିବି ମୋର ଶେଷ ଦିନ? ଯଦି ହାଫ୍‌ପ୍ୟାଣ୍ଟ୍
ପିନ୍ଧିବି ତା ହେଲେ ବୋଧେ ଦେଖାଯିବି ଖେଳୁଆଡ଼ ପରି
ଲୋକେ ଦେଖିବେ ଯେ ଶେଷ ମୁହୂର୍ତ୍ତଯାଏ ମୁଁ
ବେପରୁଆ ଥିଲି ମନ ଫୂର୍ତ୍ତି ଥିଲା ଭୟ
ଶୋଚନା ନ ଥିଲା, ଖେଳ ଭିତରେ ସତେ ବା
ଜୀବନଟା ଥିଲା ମୋର ବିଶ୍ରାମ ସମୟ।

କିନ୍ତୁ ଯଦି ଧୋତି ପିନ୍ଧେ ତା ହେଲେ ହୁଏତ
ଲୋକେ ଭାବିବେ ଯେ ଶେଷ ନିଃଶ୍ୱାସ ଯାଏଁ ମୁଁ
ଖୁସି ମିଜାସ୍‌ରେ ଥିଲି, ମୃତ୍ୟୁ ଥିଲା ଏକ ରବିବାର
ବାହାରେ ସିନେମା ଗୀତ ଓ ଘର ଭିତରେ
ଚା ଓ ସିଗ୍ରେଟ୍ ଏବଂ ଗପସପ ଦୁନିଆଁ ଯାକର।

ମୁଁ ମୋ ଶେଷଦିନ ଯଦି ସୁଟ୍ ପିନ୍ଧେ ତେବେ
ଦୁନିଆଁ ଭାବିବ ମତେ ନିଧଡ଼କ ସୌଖୀନ୍ ସାହେବ,
ଅନ୍ୟ କେତେ କାମ ପରି ମୃତ୍ୟୁ ଏକ କାମ, ସେଥିପାଇଁ

ପଛଘୁଞ୍ଚା ନାହିଁ କିମ୍ବା ଅଯଥା ବ୍ୟସ୍ତତା
ନାହିଁ ବା ଅପରିପକ୍ୱ ବିମର୍ଷତା ନାହିଁ।

ମୋର ବେଶଭୂଷା ଯାହା ହେଉପଛେ
ଅନ୍ୟ ଏକ ମୃତ୍ୟୁ ହେବ ମୋ ମରିବା ଦିନ।
ଫୁଙ୍ଗୁଳା ଦେହରେ କଙ୍କି ଧରିବାରେ କୋଳି ତୋଳିବାରେ
ସକାଳ ଗୋଟାକ କାଟୁଥିବା ବାଳକର
ସେ ଦିନ ଦେହାନ୍ତ ହେବ। ମୋର ଆଜୀବନ
ସେ ନ ମରି ରହିଥିଲା। ଚୁପ୍‌ଚାପ୍ ସେ ଅଧରାତିରେ
ଲୁଚି ଚାଲିଯାଉଥିଲା ଖରାକୁ, ଘାସକୁ,
ନିଜ ନିର୍ଦ୍ଦୋଷତାକୁ ଓ ପତ୍ରଗହଳରେ
ଲୁଚିଥିବା ପକ୍ଷୀଙ୍କର କାକଳି ପାଖକୁ।

ସେ ମରିବ ସେହିପରି-ଫୁଙ୍ଗୁଳା ଦେହରେ।
ଫେରିବାର ବାଟ ବନ୍ଦ ସମୟାନ୍ତରର
ମଶାଣିଠୁଁ ମେଘଯାଏଁ ଲମ୍ବିଥିବା ପରିବର୍ତ୍ତନରେ।

ଦୂରଦୃଷ୍ଟି

ଆଜି ରାତିରେ ଆକାଶ ମୋଡ଼ି ହୋଇଯାଏ
ପୋଡ଼ିବା କାଗଜ ପରି, ଗଛ ସବୁ କଳା
ପୋଡ଼ା ଦିଆସିଲି କାଠିପରି ଓ ଆଜି ରାତିରେ
ପ୍ରତ୍ୟେକ ମିନିଟ୍ ଏକ ଛୁରିକାଘାତ ମୋ
ଅରକ୍ଷିତ ଭବିଷ୍ୟତ ଧୂସର ଦେହରେ।
ରକ୍ତ ବୋହିଯାଏ ଘରଯାକ ଓ ଉଚ୍ଛୁଳେ
ଝର୍କା ଓ କବାଟ ଦେଇ, ଯେବେ ରକ୍ତଯାକ
ଦେହରୁ ନିଗିଡ଼ି ଯିବ ମତେ ମିଳିବ ମୋ
ଶେଷ ପରିଣତି- ଜଙ୍ଗଲର ନିଆଁ,
ଚନ୍ଦ୍ର ରାଜ୍ୟକୁ ମୋ ସଂକ୍ଷିପ୍ତ ଏବଂ ସାହସିକ
ଯାତ୍ରା ପ୍ରତି ପରିହାସ ପୋଡୁଥିବା କାଠମାନଙ୍କ ଫୁଟିବା ଶବ୍ଦେ।
ଆଜି ରାତିରେ ମୁଁ
କ୍ରମେ କଳା ପଡ଼ିଆସୁଥିବା ପୃଥିବୀର
ଉପାନ୍ତରେ ଠିଆ ହୋଇ ତାକୁ ଖୋଜୁଅଛି
ଯାହାର ନିଃଶ୍ୱାସେ ଦଗ୍ଧ ହୋଇ ମୋ ଶରୀର।
ମୋ ମନରେ ଅଭିଯୋଗ ନାହିଁ ବରଂ ଅଛି
କେତେ ସ୍ନେହ ଓ କ୍ଷମା ପ୍ରାର୍ଥନା,

ବହୁ ପୂର୍ବଜନ୍ମକାଳୁଁ ଦୁଇଟି କୃତାର୍ଥ
ଆଖିରେ ବିଲୟ ହେବା ନିମିତ୍ତ କାମନା।

ତା' ଅସିଦ୍ଧ ଦେହ ଏବଂ
ମୋ ଅସିଦ୍ଧ ଦେହ
ମମତାର ଅନ୍ଧାରରେ କିଛିଦିନ ଯାଇ
ହଠାତ୍ ଅଲଗା ହେଲେ; ଯଦିବା ସ୍ୱର୍ଗୀୟ
ଆଲୋକରେ ଉଦ୍‌ଭାସିତ ମୃତ୍ୟୁହୀନ ଭବିଷ୍ୟତ କାଳ
ଏ ଏକ ରକମ ଭଲ-ଜଙ୍ଗଲୀ ନିଆଁରେ
ଜାଳିଦେବା ଜୀବାତ୍ମାର ଇହକାଳ ଏବଂ ପରକାଳ।
ଦେହ ଜଳିଯାଏ, ତାର ପାଉଁଶ ବିକ୍ଷିପ୍ତ
ପୃଥିବୀର କେତେଆଡ଼େ ସାତ ସମୁଦ୍ରରେ,
କେଉଁ ଭଗବାନ କିମ୍ବା ପ୍ରେତାତ୍ମାର ସାଧ୍ୟ ନାହିଁ ସବୁ
ପାଉଁଶ ଏକତ୍ର କରି ପୁଣି ଆଉ ଥରେ
ଚଢ଼ିବାକୁ ନିଃଶ୍ୱାସରେ ଚଞ୍ଚଳ ଶରୀର
ଯାହାର ମନରେ ଥିବ ସ୍ମୃତି ଓ ମୁହଁରେ
କାନ୍ଦିବାର ଆର୍ଦ୍ର ହସ୍ତାକ୍ଷର।

ଛୁଟିଲେ ଘଟ

୧

ସେ ଶବ୍ଦର, ଯାହା ଶୁଭିଲାନି
ମୃତ୍ୟୁଦଣ୍ଡ ମିଳୁ ତାକୁ ଦାବୀ କରୁଥିବା
ଜନତାର ଉତ୍କ୍ଷିପ୍ତ ଚିତ୍କାରେ,

ସେ ସ୍ନେହର, ଯାହା ଅପ୍ରକଟ
ରହିଗଲା ଲୋକାଚାର ପ୍ରତି ଖାତିର୍‌ରେ

ମୁଁ ତାହାର କୀର୍ତ୍ତିସ୍ତମ୍ଭ, ମୋର ପାଦଦେଶେ
ତଲୁଆର୍ ରଣଝଣ୍ କରୁଅଛି
କେଉଁ ଶୂନ୍ୟକାୟ,
ଶତାୟୁ ଦେହର ମୁହେଁ ରୋଗା ରୋଗା ହସ
ମୋ ଉଦ୍ଦେଶ୍ୟେ କହୁଅଛି
ବିଦାୟ ବିଦାୟ ।

୨

କାନେ କାନେ କହିଥିଲି
ଦେବି ବୋଲି ବାଲ୍‌ଟିଏ ରକ୍ତ ଆଉ
ଗଦାଏ କଙ୍କାଳ ।

ଆକାଶ ଗୋଟାକଯାକ
ବାଳକଙ୍କ ଶବ ଏବଂ
ହୃଷ୍ଟପୁଷ୍ଟ ଶାଗୁଣାଙ୍କ ଦଳ,
ଶୁଦ୍ଧନୀଳ ଶୂନ୍ୟତା ବା
ସୁନାରଙ୍ଗ ସକାଳର ଖରା
କିଛି ନାହିଁ, ମଲା ଚଢ଼େଇଙ୍କ
ଦେହ ପରି ମୁଲାଏମ୍ ମୋ କୋଳକୁ ତମେ
ଟାଣି ହୋଇ ଆସୁଅଛ
ମୋ ପ୍ରଥମ ପ୍ରତିଶ୍ରୁତି ଦ୍ୱାରା ।

୩
ଉଡୁଥିବା ପକ୍ଷୀ ହେଲା
ହଠାତ୍ ନିଶ୍ଚଳ ।
ସ୍ତବ୍ଧ ହେଲା ଢୋଲ ଶବ୍ଦ, ମାଂସର ଭିତରେ
ଛୁରୀ ହେଲା ହଠାତ୍ ଅଚଳ ।
ନଈପାଣି ସ୍ଥିର ହେଲା, ସମୁଦ୍ରର ଢେଉ
ନ ଭାଙ୍ଗି ରହିଲା ।
ମଧ୍ୟାହ୍ନ ସମୟ ଏକ ଅମର ରାକ୍ଷସ
ଏକମାତ୍ର ଗତିଶୀଳ ତମ ଫଟୋଗ୍ରାଫ୍
ଭିତରୁ ବାହାରୁଥିବା ଗରମ ନିଃଶ୍ୱାସ ।

ତାହା ଦିନ ତାହା ରାତି
ଚଟାଣ ଓ ଛାତ
ତାହା ମୋ ଝରଣା ଜହ୍ନ ଫୁଲତୋଡ଼ା ନିଆଁ
ନିଦ ହସ ଅନ୍ଧାର ପର୍ବତ ।

ସଜାଇ ରଖନ୍ତି ତାକୁ
ବଛା ବଛା ଗୀତଙ୍କର ପାଲିଙ୍କି ଭିତରେ

ଆଜି ଯଦି ସବୁ ବନ୍ଦ ନ ହୋଇଥାଆନ୍ତା
ତମେ ମରିଯିବା ସମ୍ବାଦରେ।

୪
ତରାଙ୍କୁ ଅନେକ କଥା
କହିବାର ଥିଲା,
ଅନେକ ଜରୁରୀ କଥା, କାଲିଠୁଁ ଜହ୍ନର,
ଚେହେରା ବିସ୍ମୃତ ହେବ, କାଲିଠୁଁ ସମ୍ପର୍କ
କଟିଯିବ ମୋର ଏବଂ ତରାମାନଙ୍କର।

ଅନ୍ଧାରରେ କାହା ଛୁରୀ
ତଣ୍ଟି କାଟିଦେବ,
ଶବ୍ଦ ସବୁ ଡେଇଁ ଡେଇଁ ହଂସ ଛୁଆ ପରି
ଚାଲିଯିବେ ଶାଳ ଜଙ୍ଗଲକୁ,
ମୁଁ ଚାହୁଁଛି ଚାରିଆଡ଼େ, କେହି ଦେଖୁ ନାହିଁ
କେତେ ଶବ୍ଦ ଗଲେ ଏବଂ ଗଲେ କେଉଁଠାକୁ।

ଖରାପ ସମୟର ଭଲ ସମୟ

୧

ବେଳେ ବେଳେ ଖୁବ୍ ଡରମାଡ଼େ,
ତମକୁ ଉଠାଇବାକୁ ଗଲାବେଳେ ହାତ ଥରେ, ସ୍ୱର
ପଡ଼ିଯାଏ ଯେତେବେଳେ ତମ ନାଆଁ ଧରି
ଡାକିବାକୁ ଇଚ୍ଛା ହୁଏ ମୋର।

ମୁଁ ପଳାଏଁ ଲୁଚି ଲୁଚି, ନିଜକୁ ଦେଖେଁ ମୁଁ
ମୋ ଚିନ୍ତାର ଅସୁନ୍ଦର ଆଲୋକେ ଯିବାର।
ମୋ ପ୍ୟାଣ୍ଟର ପଛଆଡ଼ ଚିରା, ମୋ ଦେହରେ
କମିଜ୍ ନାହିଁ। ପ୍ରେତାତ୍ମା ମୋ ବଡ଼ ଭଉଣୀର !
କମିଜ୍ ଖଣ୍ଡିଏ ଦେ, ଦେ ମତେ ଗୋଟିଏ ବିଛଣା।
ଏକା ମାଆ ପେଟୁ ଆମେ ଜନ୍ମ, ତତେ କଣ
ବାଧୁ ନାହିଁ ମୁଁ ନ ଶୋଇ ପାରିବା ଯନ୍ତ୍ରଣା ?

କେତେ ଦିଅଁ ଆସୁଛନ୍ତି
ମୁଁ ନ ଥିଲା ବେଳେ ତମ ପାଖୁ !
କେତେ ପରୀ ଚୁମା ଦେଇ ତମ କପାଳରେ
ପୋଛି ନେଉଛନ୍ତି ପୀଡ଼ା ଅଙ୍ଗପ୍ରତ୍ୟଙ୍ଗରୁ !
ଚନ୍ଦ୍ରଲୋକେ ଚକ୍ ଚକ୍ ନଈର ପାଣିରେ
ମୁଁ ଦେଖୁଛି ସେମାନଙ୍କ ଛାଇମାନେ ଯାଆନ୍ତି ଆସନ୍ତି।

ନିକଟକୁ ଯାଇ ତାଙ୍କୁ ଦେଖିବାକୁ ଚେଷ୍ଟା କଲାବେଳେ
ଆଖି ମୋର ଖଣ୍ଡଖଣ୍ଡ ହୋଇ ଫାଟିଯାଏ
ସେ ତରାର ଆଲୋକରେ ସହସ୍ର ସୂର୍ଯ୍ୟଙ୍କ
ଦୀପ୍ତିଧରି ଯାହା ଖସୁଥାଏ ।

୨
ତମେ ଏକ ଜ୍ୟେଷ୍ଠମାସ,
ହତ୍ୟାକାରୀ ନିର୍ଦ୍ଦୋଷ ଘାସର,
ତମେ ଏକ ହୃଦମଧ୍ୟେ ଲୁକ୍କାୟିତ ବିଷ
କଳା ଚକ୍‌ଚକ୍ କୁଣ୍ଡଳାକୃତିର
ହିଂସାର, ତମେ ସ୍ତବ୍ଧ କଲ
ସମୁଦ୍ରର ଗର୍ଜ୍ଜନ ଓ କୋଇଲିର ଗୀତ ।
ଏହା କେଉଁ ନୀରବତା, ଯାହାକୁ ମୁଁ ଛାଡ଼ି ଆସିଥିଲି
ମୋର ଜନ୍ମ ମୁହୂର୍ତ୍ତରେ, ଅଥବା ଯାହା ମୋ
ବିଳମ୍ବରେ ନୁହେଁ ବିଚଳିତ ?

ଦୁଇ ନୀରବତା ମଧ୍ୟେ
କେତେ କୋଳାହଳ ! ଅତି ଉଚ୍ଚସ୍ୱରରେ ଶୋକ !
ମୁଁ ହେଲି ସେ କୋଳାହଳ ଅଂଶ ଓ ହସିଲି
ସେ ଶୋକର ଅଂଶ ହେବାଯାଏଁ,
ମୁଁ ଦେଖିଲି ସବୁ କିଛି ମୋ ଲୁହର ଭିତରୁ, ଚନ୍ଦ୍ରକୁ
ହଳଦିଆ ରଙ୍ଗପରି ଦିଗନ୍ତର ଏକ
ପ୍ରାନ୍ତୁ ଅନ୍ୟ ପ୍ରାନ୍ତ ଲମ୍ବିଥାଏ ।

ତମେ ହିଁ ଉଦ୍ଧାର କଲ
ସେ ମୁହୂର୍ତ୍ତେ ମୋହର ପୌରୁଷ,
ତମର ଦେହରେ ଥିଲା ସବୁ ଋତୁ, ତମର ଜଙ୍ଘରେ
ପଳାତକ ସମୟର ବିଷ,
ମୁଁ ମୋ ହାତ ବଢ଼ାଇଲି ଧରିବାକୁ

ଜୀବନ ଧରିଲି।
ଖୁବ୍ ଖୁସିହେଲି ଏବଂ
ଗୀତ ବି ଗାଇଲି।
କୋଇଲି ତୁ ଶୁଣ୍ ଏବଂ
ଶୁଣ ଢେଉମାନେ,
ମୁଁ ଏକ ସମ୍ରାଟ୍ ଥିଲି କାଲି ରାତିରେ ମୋ
ମୁକୁଟରେ ଏକ ଅନାବିଳ
ମନର ତୁକୁଡ଼ା ସବୁ ମାଣିକ୍ୟଙ୍କ ପରି
ଦାଉ ଦାଉ ଜଳୁଥିଲେ ମୋର
ଆତ୍ମା ମରିଯିବା ଆଗୁଁ,
ହେବା ଆଗୁଁ ଆଜିର ସକାଳ।

ଅନାୟାସେ ନାଁ ଦିଆ କବିତା

୧

କିଏ ସେ ପ୍ରେମିକ ତୋର

କିଏ ସେ ପ୍ରେମିକ ତୋର ? ନଈ ବୋହିଯାଏ,
ପ୍ରତ୍ୟେକ ଗଛରେ ଫୁଲ, ପ୍ରଜାପତି ଟହଲ ମାରନ୍ତି
ରେଳଗାଡ଼ି ଅପେକ୍ଷାରେ ରହିଥିବା ଯାତ୍ରୀଙ୍କ ପରି ଓ
ଆକାଶ ଗୋଟା ଯାକ ତୋର ପ୍ରେମିକର
ସ୍ମୃତିମିଶା ଖରା ରହିଥାଏ ।
ଯେଉଁଆଡ଼େ ଅନାଇଲେ ଖରା ଦିଶେ, ସେ ବି ଦେଖାଯାଏ,
ତାର କଥା ଶୁଭେ ତାର କାମ ମନେ ପଡ଼େ ।
ସେ ସବୁ ସଙ୍ଗୀତମୟ ବିରତି ଗୋଟିଏ
ନାଟକର ଯେଉଁଥିରେ ଅକ୍ଲାନ୍ତ ଦାନବ
ଉଦାସୀନ ଜନତାର ଗହଳି ଭିତରେ
ବୋହିନିଏ ଏକ ପରେ ଅନ୍ୟ ଏକ ଶବ ।

୨

ମୃତ୍ୟୁ କଣ

ମୃତ୍ୟୁ କଣ ? ହଠାତ୍ ଅଚଳ ଗଡ଼ି ଯାଉଥିବା ଚକ ।
ମୃତ୍ୟୁରେ ଆଲୋକ ନାହିଁ, ବନ୍ଧୁତା ନାହିଁ କି

ଶତ୍ରୁତା ବି ନାହିଁ, ଶୁଭ କି ଅଶୁଭ
କୌଣସି ସଙ୍କେତ ନାହିଁ, ବରଂ ଦୃଷ୍ଟିଶକ୍ତି
ଅଛି କି ନଅଛି ତାହା ସନ୍ଦେହଜନକ।
ମୃତ୍ୟୁ ଏକ ତୋଫାନ ସେ ତୋଫାନର ଆଦିଅନ୍ତ ନାହିଁ।
ବଡ଼ ବଡ଼ କଳା ଲହଡ଼ିରେ
ବୁଡ଼ିଯାଏ ଖୁବ୍ ଛୋଟ କଳା ଆତ୍ମାଟିଏ।
ତାକୁ ଧରି ରଖିବାକୁ ଦେହ ନାହିଁ, ଗଲାଦିନ
ସବୁ ଜ୍ଞାତିକୁଟୁମ୍ବଙ୍କ ପରିତ୍ୟକ୍ତ ନିଆଁ ଯେଉଁଥିରେ
କେତେ ଫୁଲ କେତେ ମୃଦୁହସ
କେତେ ଚନ୍ଦ୍ରପକ୍ଷ ରାତି କେତେ ଦୀର୍ଘଶ୍ୱାସ।

ବର୍ତ୍ତମାନ ଇଚ୍ଛା ହୁଏ ବୁଲିବାକୁ ଆବର୍ଜ୍ଜନାମୟ
ରାସ୍ତାରେ ଓ ରାସ୍ତାକୋଣେ ବିକିବାକୁ ପରିବା, ନଈରେ
ଲୁଗା କାଚିବାକୁ ଏବଂ ଖରାରେ ଉଜ୍ଜ୍ୱଳ
ଆକାଶକୁ ଦେଖିବାକୁ, ଚାଲିବାକୁ ବିଲରେ ଯେଉଁଠି
ଦୁବଘାସ ଉଙ୍କିମାରେ ମାଟି ଟେଲାମାନଙ୍କ ସନ୍ଧିରେ।
ବର୍ତ୍ତମାନ ଇଚ୍ଛାହୁଏ ନିଃଶ୍ୱାସରେ ନେବି
ଛୋଟ ଧଳା ହ୍ରଦପରି ଚକ୍‌ଚକ୍ ମଣିଷମାନଙ୍କ
ଉଲ୍ଲାସ ହତାଶା ହସ ସୁଖ ଏବଂ ଦୁଃଖ।

ବର୍ତ୍ତମାନ କିନ୍ତୁ ମୋର ସ୍ୱପ୍ନ ସବୁ ଅସଂଲଗ୍ନ ଏବଂ ଅର୍ଥହୀନ।
ବର୍ତ୍ତମାନ ସବୁ କିଛି ନିଜ ନିଜ ଆକାରକୁ ଛାଡ଼ି
ବୋହିଯିବା ଆତଙ୍କରେ ଆତଙ୍କିତ ମୁଁ, ମୋର ରାତି
ସହଜେ ଅନ୍ଧାର କିନ୍ତୁ ଅନ୍ଧାର ବି ମୋର ଦ୍ୱିପ୍ରହର।
ମୋର କଳା ଆକାଶରେ ତରାଙ୍କ ଜାଗାରେ
ଧାଡ଼ି ଧାଡ଼ି କୃଷ୍ଣବର୍ଣ୍ଣ ପକ୍ଷୀଙ୍କ ମୁର୍ଦ୍ଦାର।

୩

କୌଣସି ପ୍ରାର୍ଥନା ମୋର ମନେ ନାହିଁ

କୌଣସି ପ୍ରାର୍ଥନା ମୋର ମନେ ନାହିଁ। ପ୍ରାର୍ଥନା ସମୟ
ବିତିଗଲା ଅଲୌକିକ ଘଟଣାର ଅପେକ୍ଷାରେ। ଯେବେ
ମୁଁ ଦେଖିଲି ହଳଦିଆ କନିଅର ଫୁଲ ଫାଖୁଡ଼ାରେ
ଟୋପା ଟୋପା କାକର ମୁଁ ଭାବିଲି ଯେ ସେ ଆଗତପ୍ରାୟ।
ପତ୍ରଙ୍କ ସହିତ ମିଶିଗଲି ସ୍ଥିର କଲି
ସେ ମତେ ଖୋଜିବାବେଳେ ବାହାରିବି ହଠାତ୍ ଓ ତାକୁ
ଆଶ୍ଚର୍ଯ୍ୟ କରିବ ତାର ଚାଲାକିଠୁଁ ବେଶୀ ଚାଲାକିରେ।
ମୁଁ ଭାବିଲି ଡେରି ନାହିଁ ଯେତେବେଳେ ନଈରେ ଆସିଲା
ଜୁଆର ଓ ନଦିଶିଲା ଖାଲିଢ଼ିପ କୂଳର କାଦୁଅ,
ଯେତେବେଳେ ପବନରେ ଶୁଣାଗଲା ବହୁତ ରହସ୍ୟ
ରହିଥିବା ଫୁସ୍‌ଫାସ୍ କଥାବାର୍ତ୍ତା। ମୁଁ ଚାହିଁଲି ସୂର୍ଯ୍ୟକୁ, ଚନ୍ଦ୍ରକୁ,
ସୂର୍ଯ୍ୟ ଚନ୍ଦ୍ର ଯେପରିକି ଗୋଟିଏ ଜିନିଷ।

ଯେତେବେଳେ ଖସିଗଲା ଜୁଆର ଓ କୂଳରେ ଦିଶିଲା
ନୂଆ କାଦୁଅ ମୁଁ ହେଲି ଶୋକଜର୍ଜ୍ଜରିତ
ଏକେ ତ ଘଟିଲା ନାହିଁ ଅଲୌକିକ ଘଟଣା, ତାପରେ
ବାଳ ଧଳା ହେଲା ଏବଂ ଦୃଷ୍ଟି କ୍ଷୀଣ ହେଲା,
ଢିଲା ଚମଡ଼ାରେ ମୋର ଦେହ ଆଚ୍ଛାଦିତ।
ମୁଁ ଅପେକ୍ଷା କରିଥିବା ବଗିଚା ଭିତରେ
ହଠାତ୍ ବସିଲେ ଦଳେ ଶାଗୁଣା, ତାଙ୍କର
ନିରୁଦ୍‌ବିଗ୍ନ ଭୟାନକ ଉପସ୍ଥିତିରେ ମୁଁ
ଗୋଟାପଣେ ଥରିଲି ଓ ଚେଷ୍ଟାକଲି ପୂର୍ଣ୍ଣ କରିଦେବି
ମୋ ଶୂନ୍ୟ ମନରେ ଭଲ ପକ୍ଷୀଙ୍କ ଆକାର।
କୋଇଲିକୁ ଭାବିଲି ମୁଁ ଶୁଆକୁ ଭାବିଲି,
ଭଦଭଦଳିଆ ପାରା ହଳଦୀବସନ୍ତ,
ସବୁ ବୃଥା- ମୋ ସମୟ ସରିଯାଇଥିଲା।
ମଲା ମୂଷା ପରି ଗନ୍ଧ କରୁଥିଲା ମୋର ଭବିଷ୍ୟତ।

ଅସଂଖ୍ୟ ପାହାଚ ପରି ସମୟ ଲମ୍ବିଛି
ଅନ୍ଧାର ପାତାଳ ଆଡ଼େ। ଆତ୍ମା ଏକୁଟିଆ
ହସଶୂନ୍ୟ ଆଶାଶୂନ୍ୟ କ୍ରୋଧଶୂନ୍ୟ ହୋଇ
ନିଜ ନିର୍ବୋଧତା ବୋଝ ବୋହି ଚାଲିଯାଏ।
କୌଣସି ପ୍ରାର୍ଥନା ମୋର ମନେ ପଡୁ ନାହିଁ।

୪

ଭାଗ୍ୟରେ ନ ଥିଲା ମୋର

ଭାଗ୍ୟରେ ନ ଥିଲା ମୋର ସେ ଏଠାକୁ ଆସିବ, ତଥାପି
ମତେ ଲାଗୁଥିଲା ମୋର ଅପେକ୍ଷାରେ ପ୍ରତିଘଣ୍ଟା ତାର
ଆସିବାର ପୂର୍ବବର୍ତ୍ତୀ ଘଣ୍ଟା। ଯେତେବେଳେ
ସମୟ ନିଃଶେଷ ହେଲା ଦୂରଦିଗ୍‌ବଳୟେ
ମୁଁ ଦେଖିଲି ବିନ୍ଦୁ ପରି କଳାଚିହ୍ନଟିଏ, ଆକାଶରେ
ଖଣ୍ଡେ ଛୋଟ କଳାମେଘ। ପବନ ହଠାତ୍
ଖୁବ୍ ଥଣ୍ଡା ଜଣାଗଲା, କିନ୍ତୁ ବର୍ଷା ଏବଂ ମୋ ଭିତରେ
ଶହଶହ ଶତାବ୍ଦୀ ତଫାତ୍।

କାନ୍ଦକାନ୍ଦ ଆଖି ମୋର, ବର୍ଷାକୁ ଭାବିଲି,
ଭାବିଲି ସ୍ଫଟିକ ବର୍ଷାଟୋପା ପଡ଼ିବାର
ସଙ୍ଗୀତକୁ, ଅନିର୍ଦ୍ଦିଷ୍ଟ ଦିଗୁଁ
ହଠାତ୍ ଆସିବ ମାଡ଼ି ଓଦାସରସର
ବତାସ ଓ ସମ୍ଭବତଃ ସବୁ
ସ୍ୱପ୍ନ ସତ୍ୟ ହେବେ। ପ୍ରଣୟିନୀମାନେ
ହସିବେ ନଜାଣି ଏହି ଦେହ ବଡ଼ ବିଶ୍ୱାସଘାତକ।
ଉଭୟଙ୍କୁ ଠକି ଦେବ, ଧରା ଦେଲା ବେଳେ
ଯୌବନ ବହଳେ ଥିବ ମୃତ୍ୟୁର ଆତଙ୍କ।

ଏପରି ସମୟେ ମନା ଭାବିବା ନିମିତ୍ତ
ଉତ୍ସୁକ ହୃଦୟ ଆଉ ପ୍ରସାରିତ ହାତ।

୫

ଏକଦା ଶରୀର ମୋର

ଏକଦା ଶରୀର ମୋର ଘେନୁଥିଲା ସହସ୍ର ଆକାର।
ପ୍ରତ୍ୟେକ ଆକାର ଥିଲା ମନୋରମ, ଯେପରି ଆକାଶ।
ଅସୁନ୍ଦର ହେବା ଥିଲା ଅସମ୍ଭବ। ମାଂସରେ ରକ୍ତରେ
ପ୍ରତିଧ୍ୱନି ଥିଲା ସାକ୍ଷୀମାନଙ୍କର କାକଳିର ଏବଂ ଝରଣାର
କୁଳୁକୁଳୁ ବୋହିବାର, ଶୂନ୍ୟତା ଭିତରେ
ଅନେକ ଜାଗାର ସ୍ମୃତି ବୋହିଆଣୁଥିବା ପବନର।
ଏପରି ସମୟ ଥିଲା ଯେତେବେଳେ ମୋ ଶରୀର ବହୁ
ଶରୀର ପାଲଟୁଥିଲା, ଗୋଟିଏ ହସିଲେ
ଅନ୍ୟ ଏକ କାନ୍ଦୁଥିଲା, ଯଦି ଭଲପାଏ
ଗୋଟିଏ ଶରୀର ତେବେ ଅନ୍ୟ ଏକ ସାରା ରାତି କାହା
ସମ୍ମତି ଅପେକ୍ଷା କରି ସମୟ ବିତାଏ।

ଆଜି କିନ୍ତୁ ମୋ ଶରୀର ଏକ, ବିଭକ୍ତ ହେବାର
ସାହସ ନାହିଁ, ଓ ଆଉ ଅଳ୍ପଦିନ ପରେ
ଏତକ ବି ଉଡ଼ିଯିବ ବିଧବାର ସ୍ୱପ୍ନ ପରି।
ସବୁ ପଛରେ ରହିବ ପଡ଼ି-ନଈ ଓ ବଗିଚା।
ନଈର ପାଣିରେ ଥିବ ସହରର ପଚା ଆବର୍ଜ୍ଜନା।
ଆକାଶରେ ଉଡୁଥିବେ ଶାଗୁଣା ଓ ବଗିଚା ଭିତରେ
ସାଧାରଣ ସଭା ହେବ, ଛେପ ସୁଡୁ ବୁଡୁ
ଭାଷଣରେ ତୃପ୍ତ ହେବ ଲୋକଙ୍କ କାମନା।

ପୃଥିବୀର ସବୁକିଛି ପରି ଏ ଶରୀର
କ୍ରମେ ବିକଳାଙ୍ଗ ହୁଏ, ସବୁ ଲୁଚିଯାଏ
ମସ୍ତବଡ଼ କୁତ୍ସିତତା ଭିତରେ। ଯାହା ବା ରହିଲା
ଝଡ଼ି ଯାଉଥିବା ଫୁଲ ପରି ତାହା ସୁନ୍ଦର ଦିଶେ, ତା
ଆଲୋକିତ ପାଖୁଡ଼ାରେ ଛାଇପଡ଼େ ଆସନ୍ନ ମୃତ୍ୟୁର।

ଦୂରତ୍ୱର ତିନିଟି ଅଙ୍କନ

୧

ଏକଥା ଘଟିବ ବୋଲି ଜାଣିଥିଲି, ପ୍ରତ୍ୟହ ଦେହର
କୌଣସି ଜାଗାରେ କିଛି କଷ୍ଟ ହେବ ଏବଂ
ତାହାର ଚିକିତ୍ସା ଲାଗି ଯେତେବେଳେ ଲାଗିବ ତାହାର
କାରଣ ନିର୍ଣ୍ଣୟ ପାଇଁ ବେଶୀ ବେଳ ଲାଗିବ। କିନ୍ତୁ ମୁଁ
ଜାଣି ନ ଥିଲି ଯେ ଆମେ ଏକାଠି ରହିବା
ବର୍ଷ ସବୁ ଛାଡ଼ିଦେବେ ଶତୃତାର ବର୍ଷଙ୍କୁ ବାଟ ଓ
ଆମେ ଦୁହେଁ ଆଗ ପଛ ହୋଇ ଦୌଡୁଥିବା,
ମୁଁ ଅଣନିଃଶ୍ୱାସ ହୋଇ ଦୌଡୁଥିବି ହରିଣ ପରି ମୋ
ପିଛା ତମେ ଧରିଥିବ, ଦିନ ରାତି ଆମେ
ବହୁତ ପାହାଡ଼ ବଣ ମରୁଭୂମି ଡ଼େଇଁ
ପରସ୍ପରେ ଚାହୁଁଥିବା କ୍ଳାନ୍ତି ଓ କ୍ରୋଧରେ,
ଯଦିବା ମନର ଦର୍ଜ୍ଜା ନିକଟକୁ ପାଦ ଟିପି ଟିପି
ପୁରୁଣା ନରମ ସ୍ମୃତି ଆସେ ତଡ଼ି ଦେବା
ରୁକ୍ଷ ଦ୍ୱିଧାହୀନ ବଜ୍ରଗମ୍ଭୀର ସ୍ୱରରେ।

ମୁଁ ଭାବୁଛି ମଲା ଲୋକମାନଙ୍କୁ ଏପରି
ଦିଶୁଥିବ ସେମାନଙ୍କ ଅତୀତ ଜୀବନ।
ଘଟଣା ଭାବନା ଏବଂ ସ୍ଥାନମାନେ ବୋଧେ
ଦିଶୁଥିବେ ରକ୍ତ ସ୍ନାନ ଆଖିରେ ତାଙ୍କର।

ରକ୍ତ ସତ ହୋଇଥିବ,
ଆଖି କିନ୍ତୁ ହୋଇଥିବ ଅଂଶ ପବନର,
ହାତ ମଧ୍ୟ ହୋଇଥିବ ପବନର ହାତ,
ସୁତରାଂ ସେ ହାତରେ ପୋଛି ହେବ ନାହିଁ
ସେ ରକ୍ତକୁ ଯେଉଁଥିରେ ସମସ୍ତେ ରଞ୍ଜିତ,
ପୁତ୍ର କନ୍ୟା ପତ୍ନୀ ବନ୍ଧୁବାନ୍ଧବ ଇତ୍ୟାଦି,
ଘର ଦ୍ୱାର ନଈ ନାଳ ପାହାଡ଼ ପର୍ବତ।

୨

ଖୁବ୍ ବଡ଼ ପୋଖରୀର
ସେ ପାଖରେ କିଆ ବଣ ଆଉ
ଖୁବ୍ ସରୁ ବାଟଟିଏ କିଆ ବଣ ଭିତରେ, ସେ ବାଟ
ଅନ୍ଧକରେ ସରେ, ତା ଉତ୍ତାରେ
କଣ ଅଛି ? ଲୋକଙ୍କର ଦୁଃଖ,
ଆଉ ସେହି ଅନ୍ଧକାର ଯାହା ଆସେ ନିର୍ଦ୍ଦୋଷ ଜୀବନ
ସରିଯିବା ପରେ ଅଚାନକ।

ଏପରି ସମାପ୍ତ ହେଲା
ଏକତ୍ରିତ ସମୟ ଆମର।
ନଡ଼ିଆ ଗଛରୁ ଏବେ
ଓହ୍ଲାଉଚି ଏକ ଜୀଇଁବାର
ଅନ୍ଧକାର, ବାଟ ଘାଟ କିଛି
ଦିଶୁ ନାହିଁ, କେଜାଣି କେଉଁଠି
ଚେମେଣିଙ୍କ ଚିଁ ଚିଁ ଶବ୍ଦ ଶୁଭୁଅଛି।

ଏହା ଆମ ଗାଆଁ ଯେଉଁଠି ମୁଁ
ପିଲାଦିନୁ ଅଛି, ଆଜି ତାର
ମୁର୍ଦ୍ଦାର ନିଃଶ୍ୱାସ ନିଏ ଅନ୍ୟ ଏକ ବାୟୁମଣ୍ଡଳରେ,
ଚାଲେ ବୁଲେ ଅନ୍ୟ ଏକ ଆଲୋକରେ, ସେଠି

ତମେ ଅଛ । ଆମ ଗାଆଁଠାରୁ
ମୋ ଆତ୍ମବଡ଼ିମା ଏବଂ ନିର୍ଜ୍ଜନତା ଅନେକ ଦୂରରେ ।

୩
ଆଜି ହିଁ ତମର ପ୍ରତି ମୋର ସ୍ନେହ
ସର୍ବୋତ୍ତମ, ଆଜି
ମୁଁ ଘେନୁଛି ନାନା ରୂପ- ଶାଗୁଣାର, ମାଛର, ବଣରେ
ବୁଲୁଥିବା ବାର୍ହାର ଓ ପ୍ରତ୍ୟେକ ଆକାର
ଗୋଟିଏ ଗୋଟିଏ ସାକ୍ଷ୍ୟ ମୋ ନିଜର ଅଧଃପତନର ।
ମୁଁ ଯେତେ ନିକଟବର୍ତ୍ତୀ ହୁଏ ଏହି ରୂପମାନଙ୍କର
ସେତିକି ମୁଁ ଭାବେ ଯେ ମୁଁ ଭଲପାଏ ତମକୁ, ଅଦ୍ଭୁତ
ଏ ଭଲ ପାଇବା, ଯେଣୁ ମିଳନରେ ନୁହେଁ
ଦୂରେଇ ଯିବାରେ ପୂର୍ଣ୍ଣ ତାର ମନୋରଥ ।

ମୋଠାରୁ ଦୂରେଇ ଗଲେ ତମକୁ ମୁଁ ଦୋଷଦିଏ ନାହିଁ ।
ସେ ତ ମୋର କର୍ମଫଳ, ମୁର୍ଦ୍ଦାର ଖାଇବା
ପାଣି ତଳେ ରହିବା ଓ ଘୋର ଅରଣ୍ୟରେ
ବୁଲିବା ମୋ କର୍ମଫଳ, ତା ଉତ୍ତାରେ ସିନା
ତମର ନିକଟବର୍ତ୍ତୀ ହେବି କେଉଁ ସମୟାନ୍ତରରେ ।

କେବଳ ଗୋଟିଏ ଦୁଃଖ-ଏଠାରେ ପବନ
ଖୁବ୍ ଥଣ୍ଡା, ସୂର୍ଯ୍ୟ ଦିଶେ ନାହିଁ ।
ଆଶା କରି ଚଳିଗଲି ଏତେଦିନ, ଏଣିକି ମୋ ଆଶା
ଦିନୁଁ ଦିନ କ୍ଷୀଣ ହୁଏ, ଦିନୁଁ ଦିନ ତମ
ଫଟୋଗ୍ରାଫ୍ ଫିକା ପଡ଼େ, ଏବଂ ମୋର ମନ
କ୍ରମଶଃ ଚିହ୍ନୁଛି କଣ ଅତୀତ ଓ କଣ ବର୍ତ୍ତମାନ ।
ଆକାଶର ଅନ୍ଧାରରେ ଦେଖୁଅଛି ଗୋଟିଏ ଆକୃତି
ଯାହାର ଆକ୍ଷିରେ ନାହିଁ ସାନ୍ତ୍ୱନା ବା ସମ୍ଭାବନା, ଯାହା
ପୁରାଣ ବର୍ଣ୍ଣିତ ମୃତ୍ୟୁ ସହିତ ସମାନ ।

ପ୍ରେମପତ୍ର

ବର୍ତ୍ତମାନ ଅସମ୍ଭବ ତମ ନିକଟକୁ
ଚିଠି ଲେଖିବା । ମୁଁ କେତେ ଆଶାକରେ ଖୋଲନ୍ତି ଝରକା
ମନଇଚ୍ଛା ପିଇଯାନ୍ତି ସମୁଦ୍ର ପବନ
ତା ପରେ ବସନ୍ତି ଲେଖି ଯାହା ପୃଥିବୀର
ସବୁଠୁଁ ଆବେଗପୂର୍ଣ୍ଣ ପ୍ରେମପତ୍ର ହୁଅନ୍ତା ଓ ପ୍ରତି ପାରାଗ୍ରାଫ୍
ବର୍ଣ୍ଣନା କରନ୍ତା ଏକ ସୁବାସିତ ସ୍ୱପ୍ନ, ସେ ସ୍ୱପ୍ନର
ଅଳ୍ପ ଆଲୋକିତ ଗଳିକନ୍ଦିରେ ମୁଁ ତମେ ଥିବା ଜାଗାକୁ ଯାଆନ୍ତି
ସେ ଚିଠି ପଢ଼ିଲା ପରେ ତମେ ବୁଝିପାରନ୍ତ ମୁଁ ଜାଣେ
ମୃତ୍ୟୁର ଶୀତଳ ଦୁର୍ଗ ଭାଙ୍ଗିବାର କୁହୁକବିଦ୍ୟା,
ମୋ ନିଃଶ୍ୱାସରେ ସବୁ ଋତୁ ଅବସ୍ଥିତ, ଶୀତଦିନ ରାତିରେ ଯଦିବା
ମଲ୍ଲୀଫୁଲ ଖୋଜିବ ତା ମିଳିବ ମୋ ଆତ୍ମସମର୍ପଣେ ।

ବର୍ତ୍ତମାନ କିନ୍ତୁ ଅସମ୍ଭବ
ତମ ନିକଟକୁ ଚିଠି ଲେଖିବା, କେବଳ
ସ୍ୱପ୍ନରେ ବା ସ୍ୱପ୍ନପରି ନିରର୍ଥକ ମନେ ପଡ଼ିବାରେ
ତମେ ଦେଖାଦେବ, ଯେତେବେଳେ ଆଖି
ଖୋଲାଥିବ ଓ ଅଙ୍ଗପ୍ରତ୍ୟଙ୍ଗ
ମୋ ସଚେତ ଇଚ୍ଛାମତେ ହେବେ ଚଳାଚଳ
ତମେ ହେବ ଇତିହାସ, ଏକ ପ୍ରାଗୈତିହାସିକ ସହର
ଯାହା ପୋତି ହୋଇଗଲା ସମୁଦ୍ର ତଳେ ଓ

ଯାହାର ବିକ୍ଷିପ୍ତ ଖଣ୍ଡେ ଦୁଇଖଣ୍ଡ ଇଟା
ଦୃଷ୍ଟିରେ ପଡ଼ିବ କେଉଁ ଦେଖଣାହାରୀର।

ମୁଁ ମଧ୍ୟ ବଦଳିଗଲି ଅସମ୍ଭବ ଭାବେ।
ମୁଁ ତମକୁ ହରାଇଲି କିମ୍ବା ହରାଇଲା
ମୋ ସଦୃଶ ଦିଶୁଥିବା ମୋର ଅନ୍ୟରୂପ ?
ତାର କଣ୍ଠସ୍ୱର ମୋର କଣ୍ଠସ୍ୱର ପରି
ଯଦିଓ ସେଥିରେ ଥିଲା ଶୀତଳତା, ପ୍ରଚ୍ଛନ୍ନ ବିଦ୍ରୂପ।

ସେ ରୂପ ମୁଁ ହୁଏ କିମ୍ବା ତାହା ହେଉ ଏକ
ମୋ ଆତ୍ମାର ଲୁକ୍‌କାୟିତ ଅଙ୍ଗାରରେ ଗଢ଼ା
ପ୍ରତିମୂର୍ତ୍ତି, ମୋର ନାଆଁ ଆଜି ତାର ନାଆଁ
ସେ ପାଇବ ଦୁନିଆଁର ସହାନୁଭୂତି, ମୁଁ
ଅନ୍ଧାର ରାତିରେ ଏକ ପାହାଡ଼ରୁ ଅନ୍ୟ ପାହାଡ଼କୁ
ଯାଉଥିବି, ଆକାଶ ଗୋଟାକ
ତରାମାନେ ଖୁନ୍ଦାଖୁନ୍ଦି, କାହିଁ କେତେଦୂରେ
ଓ କେଉଁ ସମୟାନ୍ତରେ ମୁଁ ହେବି ସେ ପତ୍ରଲେଖକ
ଅନେକ ଦେହାନ୍ତ ପରେ ଯାହାର ଇତର
ସତ୍ତାମାନେ ମରିଯିବେ, ନିର୍ମଳ, ଅତୀତ
ସାଙ୍ଗେ ଏକାକାର ହେବ ଶୂନ୍ୟ ଭବିଷ୍ୟତ।

ମତେ ଲାଗେ ମୋ ଦେହାନ୍ତ ଆରମ୍ଭ ହେଲାଣି।
ଝରଣାର କୁଳୁକୁଳୁ ବୋହିବା ଶବ୍ଦରେ
ସମ୍ଭାବନା ନିମନ୍ତ୍ରଣ କିଛିନାହିଁ ଖାଲି
ଗୋଟିଏ ଦେହର ଧ୍ୱଂସ ପରବର୍ତ୍ତୀ ବିଳାପ ଶୁଭେ ଓ
ମୋ ପ୍ରେମପତ୍ରର ଭାଷା ଶୁଭେ ମଧ୍ୟ ଅସ୍ପଷ୍ଟ ସ୍ୱରରେ।

ଧନୀ ପ୍ରତି ଭୃତ୍ୟର ଉକ୍ତି

ମହାଶୟ ! ଆପଣଙ୍କ ହାତରେ ଲାଗିଛି
ରକ୍ତର ଛିଟିକା । ଯେଉଁ ଲୋକ କାଲି ଆସିଥିଲା
ଏ କଣ ତାହାର ରକ୍ତ ? ଯାହା ରକ୍ତ ହେଉନା କାହିଁକି
ବର୍ତ୍ତମାନ ଆଣିଦେବି ପାଣି ଓ ସାବୁନ୍ ।
ସବୁଦାଗ ପୋଛିଦେବା ଆମ କାମ, ଦେହରୁ ମନରୁ
ସବୁ ଦାଗ ପୋଛାହେବ, କେଉଁଦାଗ କିଏ ଛାଡ଼ିଥିଲା
ଆମେ କଣ ପାଇବୁ ସେଥିରୁ ?

ତଥାପି ବି ମରିବାର ମୁହୂର୍ତ୍ତ କିପରି
ହୋଇଥିବ ଭାବିବାକୁ ଇଚ୍ଛାହୁଏ, ଯେଉଁ ଲୋକ ମଲା
ସେ ନିଶ୍ଚୟ ତମ ହାତ ଧରିଥିବ ଜାବୁଡ଼ି, ତମକୁ
ପ୍ରାର୍ଥନା କରିଲା ପରି ଚାହିଁଥିବ ପ୍ରଥମେ ତାପରେ
ତମକୁ ସେ ଚାହିଁଥିବ ଅବାକ୍ ହୋଇ ଓ
ବୁଝିବାର ସେ ସଂକ୍ଷିପ୍ତ, ବିଷର୍ଣ୍ଣ ବେଳରେ
ସବୁ ରଙ୍ଗ ଦିଶିଥିବେ କଳା, ତରାମାନେ
ପ୍ରତାରଣା ଦେଖିଥିବେ ଦାରୁଭୂତ ମୁରାରି ଭାବରେ ।

ତଥାପି ବି ଭାବିବାକୁ ଇଚ୍ଛାହୁଏ
ଯେଉଁ ଲୋକ କାଲି ମଲା ସେ କିପରି ଭାବେ ଆସିଥିବ,
ସ୍ୱପ୍ନଙ୍କର ଆଶାବାଡ଼ି ଉପରେ ସେ ଛୋଟାଲୋକ ପରି

ଭରାଦେଇ ଆସିଥିବ, ଛାୟାହୀନ କେତେ ଅପନ୍ତରା
ଆସିଥିବ ଧୂଧୂ ଖରାବେଳେ ଅତିକ୍ରମ କରି,
ରାତାରାତି କେତେ ରେଳପଥ ଡେଇଁଥିବ,
ଖୋଜିଥିବ କେତେ ଶବ୍ଦ ଯେଉଁଥିରେ ଅନ୍ଧାର ଭିତରେ
ଅର୍ଦ୍ଧାଧିକ ଲୁପ୍ତ ଏକ ଜୀବନର ଛୋଟ ଛୋଟ ଆଶା
ମନ ମୁତାବକ ଭାବେ ପ୍ରକାଶ ପାଇବ।

ଏଠାରୁ ଚାହିଁଲେ ଦିଶେ
ସେହିସବୁ ଅପନ୍ତରା ଏବଂ କୋଡ଼ିଏଟି
ଶତାବ୍ଦୀଙ୍କ ଅନ୍ତୁପରି ଛିନ୍ନଛତ୍ର ରେଳପଥ ଏବଂ ଚଲାପଥ,
ଏଠାରୁ ଚାହିଁଲେ ଦିଶେ ଶୁଖିଯାଇଥିବା ନଈଟିଏ
ପତ୍ରହୀନ ଗଛ ଧାଡ଼ି ଧାଡ଼ି,
ମରୁଭୂମିମାନଙ୍କର ନିଃଶ୍ୱାସ ବି ଏଠି ଶୁଭେ ଏବଂ
ଶୁଭେ ମହାଶୂନ୍ୟେ ଘଡ଼ଘଡ଼ି।

ଏ ସବୁ ଆପଣଙ୍କର, କୁର୍ତ୍ତା ତଳେ ଥିବା
ଛୋଟ ଛୁରୀଟିଏ ବଡ଼ କୌଶଳରେ ବ୍ୟବହାର କରି
ଏବଂ ବ୍ୟବହାର କରି କିଛି ଶବ୍ଦ ଯାହା ଆପଣଙ୍କ
ଉଦ୍ଦେଶ୍ୟରେ ପୂରାପୂରି ବିପରୀତ ଅର୍ଥ ସୂଚାଇଲେ
ଆଖି ପିଛୁଡାକେ କେଡ଼େ ବଡ଼ ସମ୍ପତ୍ତିର
ମାଲିକାନା ଆପଣ ପାଇଲେ !

ଏ ସବୁ ଆପଣଙ୍କର, ଏବଂ ଗତାକାଲି
ନିହତ ବ୍ୟକ୍ତିର ଶେଷ ନିଃଶ୍ୱାସରୁ ଉଦ୍ଭବ ପ୍ରଶ୍ନ ବି
ଆପଣଙ୍କର, ସେ ପ୍ରଶ୍ନ ଦୁଆର ଆଗୁଳି
ବସିଅଛି ମୁଁ ଧରିଛି ପାଣି ଓ ସାବୁନ୍,
କିପରି ଡେଇଁବି ତାକୁ ? ଆପଣଙ୍କ ଶ୍ରୀହସ୍ତ ମୁଁ କିପରି ଧୋଇବି ?

ହଜିଲା ପିଲା

ନିଛାଟିଆ ବଡ଼ ପଡ଼ିଆରେ
ଏକୁଟିଆ ରହିଗଲା ପିଲାଟି, ତା ମାଆ
ଲୋକ ଗହଳିରେ ଗଲା ଦୂରକୁ, ମାଆର
କାନରେ ଅଲଗା ସ୍ୱର ଓ ଆଖିରେ
ଅଲଗା ଦୃଶ୍ୟ। ଭଉଣୀ ବି ଗଲା
ଲୋକଗହଳିରେ ବହୁଦୂରକୁ, ଅଜଣା
ଗାଆଁରେ ପିନ୍ଧିବ ଫୁଲ, ନୂତନ ଭାଇଙ୍କୁ
ଆଶ୍ୱାସନା ଦେବା ମେଘ ଘୁଞ୍ଚିଗଲା।
ଆକାଶଟା ଫାଙ୍କା। ଉପେକ୍ଷାରେ ପୂର୍ଣ୍ଣ
ବେଳୁଁ ବେଳ କାକର ପବନ।

ନିଛାଟିଆ ବଡ଼ ପଡ଼ିଆରେ
ଏକୁଟିଆ ରହିଥିବା ପିଲାଟି ଅପେକ୍ଷା
କରୁଛି ତା ପୃଥିବୀର ସମାପ୍ତି ନିର୍ଜନ
ସମୟରେ ଯେତେବେଳେ ସବୁ ସ୍ୱର ହେବ
ସ୍ତବ୍ଧ, ତା ମାଆର ସ୍ୱର ଭଉଣୀର
ସ୍ୱର ଏବଂ ପକ୍ଷୀଙ୍କର କାକଳି ନୀରବ
ହେବ ଏବଂ ଉଲ୍ଲସିତ ଅନ୍ଧତାବଶତଃ
ଆସିଥିବା ମିଳନର ପ୍ରହେଳିକା ସବୁ
ଦିନପାଇଁ ଅନ୍ତର୍ହିତ ହେବ।

ପଡ଼ିଆ ହେଉ ବା ହେଉ
ରାସ୍ତା କେଉଁ ବସତିର, ମୃତ୍ୟୁ
ସବୁଠି ସମାନ, ସମାନ ତିରୋଟ ବର୍ଷା,
ପବନ ଅଭାବ,
କହିବାର କ୍ଷମତାର ସମାନ ବିନାଶ।
ହାତ ଖୋଜେ ଅନ୍ୟ ଏକ ହାତ, ବାଟ ଖୋଜେ
ଅଡୁଆ ନାଡ଼ିରେ ଛନ୍ଦା
ଜାଗ୍ରତ ନିଃଶ୍ୱାସ।
ଊର୍ଦ୍ଧ୍ୱେ ସୂର୍ଯ୍ୟ, ଊର୍ଦ୍ଧ୍ୱେ ଚନ୍ଦ୍ର,
ସେ ଚାହୁଁଛି ସୂର୍ଯ୍ୟ ଚନ୍ଦ୍ର ମଧ୍ୟେ ଥିବା
ସଂକୀର୍ଣ୍ଣ ବାଟକୁ।
ଆକାଶ ଅନ୍ଧାର ହୁଏ କିଛି ଦିଶେନାହିଁ,
ଉତ୍ତପ୍ତ ନିଃଶ୍ୱାସ ଫେରେ କୋମଳ ପଦ୍ମକୁ,
ପ୍ରତ୍ୟେକ ପାଖୁଡ଼ା ପୋଡ଼େ,
ପୋଡ଼େ ଭବିଷ୍ୟତ,
ତ୍ରିବେଣୀ ସଙ୍ଗମ ସ୍ଥାନ
ଏ ଜନ୍ମର ସୀମା ବହିର୍ଭୁତ।

ଶାଗୁଣା

ଗାଆଁ ମୁଣ୍ଡ ନିମଗଛ ଉପରେ ବସିଛି
ଶାଗୁଣା, ତା ଦୃଷ୍ଟିପଡ଼େ
ଧୂଳି ଖେଳ ଖେଳୁଥିବା ପିଲାଙ୍କ ଉପରେ,
ସବୁ ଲୋକମାନଙ୍କ ଉପରେ, ସତେ କି
ତା ଦୃଷ୍ଟି ଯେଉଁଠି ସରେ
ଏ ପୃଥିବୀ ସରେ ସେହିଠାରେ ।

ହଠାତ୍ ଶରୀର ହୁଏ ରୋଗାକ୍ରାନ୍ତ,
ଚମ ତଳୁଁ ମାଂସ ଝଡ଼ିଯାଏ,
ଟାଇଁ ଟାଇଁ ଖରାପିଟେ ଫଟାଭୂଇଁ ଉପରେ ହଠାତ୍
ପଲପଲ ବିଲୁଆ କୁକୁର,
ଜନଶୂନ୍ୟ ବିଲବାଡ଼ି ଗାଆଁଦାଣ୍ଡ ସ୍କୁଲ ଓ ଦୋକାନ,
ଦିଗ୍‌ବିଦିଗେ କାନ୍ଦଣାର ସ୍ୱର ।

ମୁଁ କହିଲି ମୋ ପୁଅକୁ ଯା ଯା
ଚାଲି ଯା ଦୂରକୁ
ଯେ କୌଣସି ମତେ ଯା, ମରି ପଛେ ଯା,
ଅନ୍ତତଃ ତୋ ଆତ୍ମାରହୁ ପ୍ରଫୁଲ୍ଲ, ଏଠାରେ
ମୃତ୍ୟୁର ପ୍ରଥମ ଚୋଟ ଆତ୍ମାରେ ବାଜେ ଓ
ଶରୀର ନିଷ୍ପ୍ରାଣ ହୁଏ ଅନେକ ଉତ୍ତାରେ ।

ଯିବା ଖୁବ୍ କଷ୍ଟ, ଏ ଗାଆଁର ଗଛେ ଗଛେ ଫୁଲ।
ଡାଳେ ଡାଳେ ମିଠାଗୀତ ଗାଉଥିବା ପକ୍ଷୀଙ୍କ ଗହଳ।
ଏଠାରେ ଅନ୍ଧାର କେଡ଼େ ଘନିଷ୍ଠ ଏଠାରେ
ଆକାଶର ତାରାମାନେ ଅତ୍ୟନ୍ତ ଉଜ୍ଜ୍ୱଳ,
ତଥାପି ଯିବାକୁ ହେବ,
ଶାଗୁଣାର ଅପ୍ରମିତ ଭୋକ
ନିଶ୍ଚୟ ଦିନେ ନା ଦିନେ
ପାଇବ ତା ମାଂସର ସୁରାକ,
ତାପରେ ସେ ମୂକ ହେବ, ଅଥବା ବାତୁଳ,
ଚମଡ଼ାରେ ଲାଗିଥିବ ମୃତ୍ୟୁର ମୋହର,
ଅବଶିଷ୍ଟ ଜୀବନ କେବଳ
ଡର, ମୁଣ୍ଡପୋତି ଚାଲିବା, କେଜାଣି
ସଳଖ ଚେହେରା ଦେଖି ଶାଗୁଣା ଭାବିବ
ଏ ଲୋକର ବର୍ତ୍ତମାନ ପାଳି ଆସିଲାଣି।

ଅବିରାମ ମୃତ୍ୟୁର ଏ ଇଲାକା, ଏଠାରେ
ନରକଙ୍କାଳର ପରି ଦେଖାଯିବା ଲାଗି
ବଞ୍ଚିଥିବା ଲୋକମାନେ ଯତ୍ନ ସହକାରେ
ଚେଷ୍ଟାକରୁ ଥାନ୍ତି, ପ୍ରଥମେ ପ୍ରଥମେ
ଶାଗୁଣାକୁ ଡରି, କିଛି କାଳ ପରେ
ଅଭ୍ୟାସବଶତଃ କିମ୍ବା ସଉକ ଭାବରେ।
ଏଠାରେ ମରିବା କିନ୍ତୁ ବହୁତ ଆରାମ।
ମୁର୍ଦ୍ଦାରର ଚତୁର୍ଦ୍ଦିଗେ ଅନିର୍ବଚନୀୟ
ପ୍ରାକୃତିକ ସୌନ୍ଦର୍ଯ୍ୟ, ନାନାଦି ପକ୍ଷୀଙ୍କ
କାକଳିରେ ମୁଖରିତ ଗଗନ ପବନ।
ସବୁ ତିକ୍ତ ସ୍ମୃତି ଭୁଲି ଦେବତାମାନଙ୍କ
ଖେଳପଡ଼ିଆରୁ ବୋହି ଆସୁଥିବା ନଈମାନଙ୍କର
ଶୀତଳ ଜଳରେ ଅସ୍ଥି
ନିସ୍ତାରର ଆନନ୍ଦେ ବିଭୋର।

ବୁଡ଼ି ମରିବା

ନଈରେ ବୁଡ଼ିଲା ବେଳେ, ସ୍ରୋତ ଯେବେ ଅତ୍ୟନ୍ତ ପ୍ରଖର,
ସବୁଠୁଁ ଉତ୍ତମ କଥା ତାରିଫ୍ କରିବା
ଏପରି ମୃତ୍ୟୁକୁ, ବୁଡ଼ି କରି ମରିବା ଅପେକ୍ଷା
ଭଲ ମୃତ୍ୟୁ ନାହିଁ ଏହା ପ୍ରମାଣ କରିବା ।

ସେପରି ମୁହୂର୍ତ୍ତେ କାହା ମୁହଁ ଦିଶେ, ତାହା
ସମୁଦାୟ ଆକାଶକୁ ଆଚ୍ଛାଦିତ କରେ,
ସେପରି ମୁହୂର୍ତ୍ତେ ସବୁ ରହସ୍ୟ ପ୍ରାଞ୍ଜଳ
ହୋଇଯାଏ, ଦୁଃଖ ଦିଶେ ସାକାର ରୂପରେ ।

ଯାହା ଆଶାତୀତ ତାହା ଆଶାତୀତ ରହିଗଲା, ଯେବେ
ସେ ନିକଟବର୍ତ୍ତୀ ଥିଲା ସମ୍ମୋହନକାରୀ
ଅଥଚ ଅବୋଧ ଗୀତଟିଏ ପରି ଥିଲା,
ନିଜକୁ ସଜାଡ଼ି ନେବା ଲାଗିଥିଲା ଯଥେଷ୍ଟ ସମୟ ।
ତମ ନିର୍ବୋଧତା କିନ୍ତୁ କେବଳ ହସିଲା ।
ହସିବା କାରଣ ସବୁ ଭୁଲ୍ ଏବଂ ଚାହୁଁ ଚାହୁଁ
ଅଜାତ ନଈରେ ବୁଡ଼ି ମରିବାର ସମୟ ଆସିଲା ।

ନଈରେ ନଥାଏ ସ୍ମୃତି, ନଥାଏ କରୁଣା ।
ଈଶ୍ୱରଙ୍କ ଅନୁକମ୍ପା ଏଡ଼ିଦିଏ ତାର

ପ୍ରମତ୍ତ ହିଂସ୍ରତା । ତମେ କିଏ ? ଠିଆ ହେବା ଲାଗି
ଅସମର୍ଥ, ଅକିଞ୍ଚନ ଲୋକ,
ଆଜିର ଏ ଦୁର୍ଘଟଣା ଆଗୁଁ ତମେ ଫିଙ୍ଗି ଦେଇଅଛ
ଆଶୀର୍ବାଦ ଅନେକ ସଂଖ୍ୟକ ।

ନିଜେ ନିଜେ

୧

ବହୁଦିନୁଁ ଦେଖିନାହିଁ ତାକୁ !
ଆଜିକାଲି କିପରି ସେ ଦିଶେ ?
ସେ ହେଲେ ଆସନ୍ତା ଥରେ ଏ ରାସ୍ତାରେ,
ମୁଁ ତାକୁ ଦେଖନ୍ତି ପୁନର୍ଜ୍ଜୀବିତ ଉଲ୍ଲାସେ।
ମୋ ଲୋଳିତଚର୍ମ ତଳେ ପୁଣି
ମାଂସ ଆସେ ରକ୍ତ ଆସେ ଏବଂ
ବୃକ୍ଷଲତା ପରିପୂର୍ଣ୍ଣ କାନ୍ତାର ଭିତରେ
ସକଳ ସମ୍ବନ୍ଧ ଛିନ୍ନ, ମୋ ବଣ୍ୟ ମନରେ
ଓ ସ୍ୱାଧୀନ ଶରୀରରେ ଉଦ୍ଦୀପନା, ଭୋକ, ଦୁଃସାହସ,
ପୁନର୍ବାର ଆପଣାକୁ ପ୍ରଦର୍ଶନ କରିବା ଆଗ୍ରହ।
ପଛକୁ ଓଟାରି ହୋଇ ଫେରେ ବିପଜ୍ଜନକ ବୟସ।

ମତେ ଆଚମ୍ବିତ ଲାଗେ
ଦେଖି ମୋର କାମନାମାନଙ୍କୁ,
ସତେ କି ସେମାନେ କଲେ ବିଦ୍ରୋହ ଘୋଷଣା।
ମୁଁ ତ ଖୁବ୍ ଦଣ୍ଡିଥିଲି ମୋ ଦେହକୁ, ଲୋକ ଲୋଚନର
ଅନ୍ତରାଳେ କାରାଗାରେ ବନ୍ଦୀ କରିଥିଲି।
ଅପବିତ୍ର ଚିନ୍ତାସବୁ ଦୂରଦୂରାନ୍ତକୁ
ନିର୍ବାସିତ କରିଥିଲି। ଆଜି କିନ୍ତୁ ମୋ ସର୍ବାଙ୍ଗ ଥରେ

ପକ୍ଷୀଙ୍କର କାକଳିରେ। ନିରୀହ ଜନ୍ତୁକୁ
ଦେଖିବା ମାତ୍ରକେ ମନ ପୂର୍ଣ୍ଣ ବିଷାଦରେ।
ଆଜି ମୁଁ ହାରିଛି, କିନ୍ତୁ ମୁଁ ବି ଆଜି ସୁଖୀ।
ବର୍ଣ୍ଣହୀନ ସଞ୍ଜବେଳ ଓ ଶୁଖିଲା ରାତି ନାହିଁ ଆଉ।
କିଏ ଜଣେ ମୋ ଦୁଆରେ ଠକ୍ ଠକ୍ କରେ,
କିଏ ଜଣେ-ପ୍ରେତ ପଛେ ହେଉ।

ଏହାପରେ କ'ଣ ? ନର୍କକୁଣ୍ଡ ? ନିଆଁରେ ପୋଡ଼ିବା ?
ମତେ କିଛି ଜଣାନାହିଁ, ଏତେ କୋଳାହଳ
ମୋ ଶିରା ଓ ପ୍ରଶିରାରେ ଯେ କିଛି ଜାଣିବା
ଅସମ୍ଭବ, ମୋର ପଳାତକ
ଅସ୍ତିତ୍ୱକୁ ଆଲିଙ୍ଗନ କରି ଶାନ୍ତି ଦିଏ
ଦୋଦୋଚିହ୍ନା ଛାୟାମୂର୍ତ୍ତି ଏକ।

୨
ମୁଁ ନିଜକୁ ପଚାରିଲି ମୁଁ କାହାକୁ ଭଲ ପାଏ ବୋଲି,
ଚେଷ୍ଟା କଲି ତା ଆକୃତି ମନେ ପକାଇବି,
ମନେ ପକାଇବି ତାର ଛାତି ତାର ମୁହଁ ତାର ହାତ,
ଗୋଛା ଗୋଛା କଳାବାଳ, କେବଳ ପାଇଲି
କିଛି ଶବ୍ଦ, ନାମ ନାନା ଅଙ୍ଗ ପ୍ରତ୍ୟଙ୍ଗର।
ମନକୁ ମନ ମୁଁ ଖୁବ୍ ହସିଲି, କୌଣସି
ଆକୃତିର ବାସ୍ତବତା ନାହିଁ ମୋର କାମନା ବ୍ୟତୀତ।

ମୋ କାମନାମାନଙ୍କର କୁହୁକ ମନ୍ଦିରେ
ସବୁ ସ୍ୱପ୍ନ ସତ୍ୟ ହୁଏ, ଯଦି ଯୌବନର
ସ୍ୱପ୍ନ ଦେଖେଁ ମୋ ଶିଥିଳ ଚମ ହୋଇଯାଏ
ଟାଣିଟୁଣି, ଯଦି ତାକୁ ଦେଖେଁ
ତା ହେଲେ ସେ ଅବିଳମ୍ବେ ଉପସ୍ଥିତ ହୁଏ ମୋ ସାମ୍ନାରେ
ସେହି ରୂପଧରି ଯେଉଁ ରୂପ ଇଚ୍ଛା ମୋର।

କିନ୍ତୁ ସ୍ୱପ୍ନମାନେ ସତ୍ୟ ହେଉଥିଲା ବେଳେ
ମୁଁ ହଠାତ୍ ହତବୁଦ୍ଧି ହୁଏ, ସେମାନଙ୍କ କରାଳ ସତ୍ୟତା
ମତେ ମୂକ କରି ଦିଏ, ମୋ ସୃଷ୍ଟିର ଶରଣାଗତ,
ସେଠି ଜନ୍ମମୃତ୍ୟୁ ଏକ ଏବଂ ଏକ ଭୂତ ଭବିଷ୍ୟତ।

୩

ନିଜକୁ ଡରିବା ନିଜେ ସମ୍ଭବତଃ ଏହା
ନିଜର ଆକାଶେ ମେଘ, ଘଡ଼ଘଡ଼ି, ବିଜୁଳୀ ନିଜର
ଚତୁର୍ଦ୍ଦିଗେ ଅନ୍ଧକାର, ପ୍ରବଳ ବତାସ,
ଧୂଳି ଝଡ଼, ଚନ୍ଦ୍ର ନାହିଁ, ତାରା ନାହିଁ, ସବୁ
ରାସ୍ତା ଅବରୁଦ୍ଧ, ପାଖେ ପାଖେ ଯାହାର ନିଃଶ୍ୱାସ
ସେ ହେଲେ ପଛକେ ହେଉ ପୂରା କାଳ୍ପନିକ
ସେ ମୋ ସାହାଭରସା ମୋ ଦେହ ଏବଂ ମନର ମାଲିକ।

ମୁଁ ତାକୁ ସମର୍ପେ ସବୁ,
ମୋ ଦେହର ଥଳକୂଳହୀନ
ବନ୍ୟାଜଳ, ସବୁ ସମ୍ଭାବନା,
ସବୁ କାନ୍ଦ, ନୀରବତା, ସବୁ ଉଚ୍ଚାରଣ।
କିଛି ବିନିମୟ ମୋର ଲୋଡ଼ା ନାହିଁ,

ଏପରି କି ତା ନିଜ ରହିବା
ମତେ ଖୁବ୍ ଆନନ୍ଦିତ କରୁଅଛି
ବିଜୁଳୀରେ ଆଲୋକିତ ଦୂର ପାହାଡ଼ର
ସୀମାରେଖା, ମୋର ପୂର୍ଣ୍ଣ ସ୍ତନ ଓ ଜଘନ,
ମୋ ପାଇଁ ତା ଆକାଶର ହାହାକାର ଏବଂ
ସୁଲୁସୁଲୁ ଦକ୍ଷିଣା ପବନ।

ମରିବାକୁ ଯାଉଥିବା ଲୋକ

ମରିବାକୁ ଯାଉଥିବା ଲୋକ
ପର୍ବତ ଦେଖିଲାବେଳେ ଚେଷ୍ଟା କରେ
ଖୁସି ନ ହେବାକୁ,
ଆକାଶ ଯଦିବା ପଡ଼େ ଆଖିରେ ସେ
ଫେରାଏ ଆଖିକୁ,
ରାସ୍ତାକଡ଼ଗଛଙ୍କର ପେନ୍ଥା ପେନ୍ଥା ଫୁଲ
ଦେଖି ନ ଦେଖିଲା ପରି ରହେ,
ସେ ଅନ୍ୟମନସ୍କ ଦିଶେ ଯେହେତୁ ମରିବା
ଆଗୁଁ ତାର ଦୃଷ୍ଟି ନଷ୍ଟ ହୁଏ ।

ମରିବାକୁ ଯାଉଥିବା ଲୋକ
କିଛି ଭାବିପାରେ ନାହିଁ, ସବୁ ଚିନ୍ତା ତାର
ଉଦ୍ଭବ ମାତ୍ରକେ ଭାଙ୍ଗି ଟୁକୁଡ଼ା ଟୁକୁଡ଼ା
ହୋଇଯାନ୍ତି, କେଉଁ ଘଟଣାର
ଆଦ୍ୟଠାରୁ ଅନ୍ତ ଯାଏଁ ଭାବିବା ନିମିତ୍ତ
ମରିବାକୁ ଯାଉଥିବା ଲୋକ ଅସମର୍ଥ ।

କି ଶକ୍ତି ଚଳାଏ ତାକୁ ?
ସ୍ନେହ ନୁହେଁ, ଉତ୍ସାହ ତ ନୁହେଁ ।
ଏହିପରି କିଛି ଭାବ ଉଦ୍ଦେଶ୍ୟବିହୀନ

ଭାବେ ଯାହା ସ୍ୱୟଂ ଚାଲୁଥାଏ
ଏହିପରି କିଛି ଯାର ଏକ ସମୟରେ
ଶକ୍ତି ଥିଲା ପ୍ରତିକ୍ରିୟା ଥିଲା
ଏବଂ ତା ଜୀବନୀଶକ୍ତି ଘଟଣାଚକ୍ରରେ
ଆସ୍ତେ ଆସ୍ତେ ଶେଷ ହୋଇଗଲା ।
ଏହିପରି କିଛି ହେବ
ମରିବାକୁ ଯାଉଥିବା ଲୋକର ସଦୃଶ,
ଗଡ଼ାଣି ରାସ୍ତାରେ ଏକ ଚାଳକବିହୀନ
ଗାଡ଼ିପରି ଅଟେ ତା'ର ବଳକା ଆୟୁଷ ।

ଅଭ୍ୟାସ

ମତେ ଡରାଇବା କଣ ଦରକାର ଥିଲା ? ଦୁଇଦିନ
ଦୁଇରାତି ମୁଁ କେବଳ ଚିତ୍କାର କଲି ତୋ
ଭୟାନକ ରୂପ ଦେଖି, ସତେ କି ଗୋଟିଏ
ଅବିଚ୍ଛିନ୍ନ ଚିତ୍କାରରେ ପରିଣତି ହେଲା ମୋ ଜୀବନ।
ଦେହରେ ପ୍ରଖର ତାତି, ଆଖି ବନ୍ଦ କଲେ
ଲାଗିଲା ଯେ ତୁ ଟାଣୁଛୁ କେଉଁ ଅତଳକୁ
ଯେଉଁଠି ବୈଚିତ୍ର୍ୟହୀନ ବିଲୟର ନିର୍ଦ୍ଦୟ ଅନ୍ଧାର
ନାଆଁ ଗାଆଁ ପରିଚୟ ଚେହେରାର ପାର୍ଥକ୍ୟ ଇତ୍ୟାଦି
ପୋଛିଦିଏ, କାନ୍ଦ କାନ୍ଦ ଛୁଆମାନଙ୍କର

ଲୁହ ଡବ୍ ଡବ୍ ଆଖି ଆକାଶରେ ଦିଶେ।
ଆକାଶରେ କେତେମେଘ, ବର୍ଷିବାକୁ ଯାଉଥିବା ମେଘ।
ଆହୁରି ଦିଶୁଛି ଗଛ ଡାଳଙ୍କ ଜାଗାରେ
ଚୂଡ଼ିଶୂନ୍ୟ ଲମ୍ବା ଲମ୍ବା ହାତ, ସେ ହାତ ଦୋହଲେ
ପବନରେ, ସେ ହାତ ଆଙ୍ଗୁଠି ଭିତରେ
ପବନ ବୋହିବା ବେଳେ ହାହାକାର ଶୁଭେ
କିଛିକ୍ଷଣ-ଚତୁର୍ଦ୍ଦିଗ ସ୍ତବ୍‌ଧତା ଉତ୍ତାରେ।

ଡର ଖୁବ୍ ଲାଗିଲା ଓ ରାଗ ବି ଲାଗିଲା।
ମୁଁ କିଆଁ ଭେଟିବି ମୋର ଭବିଷ୍ୟତ ଆତଙ୍କିତ ଭାବେ ?
ମୋ ନିଜର ନଗଣ୍ୟତା ବାରମ୍ବାର କାହିଁକି ମନକୁ

ଜର୍ଜ୍ଜରିତ କରୁଥିବ ? କାହିଁକି ମୋ ଅସାମର୍ଥ୍ୟ ସବୁ
ନାନାଦି ବିଭଙ୍ଗ ରୂପ ଧରି ମତେ ଟାପ୍‌ରା କରିବେ ?
ମୁଁ ଅସାଧାରଣ କିମ୍ବା ବଡ଼ ହେବାଲାଗି
ଇଚ୍ଛା କରିନାହିଁ, ଖୋଜିନାହିଁ କୌଣସି ରହସ୍ୟ,
ଏହି ଛୋଟ ସହରର ରାସ୍ତାରେ ମୁଁ ହଜାର ହଜାର
ଲୋକଙ୍କ ଭିତରେ ଚାଲେଁ, ଚାଲୁଁ ଚାଲୁଁ ଦିନେ ହାସ୍ପାତାଳ
ଖଟିଆରେ ଶୋଇପଡ଼ି ସକାଳ ପାହିଲେ
ଆଉ ନ ଚାଲିବା ଏକମାତ୍ର ଅଭିଳାଷ ।

ଏତିକି ବି ମିଳିଲାନି, ଲୋକ ଗହଳିରୁ
ମତେ ହିଁ ଓଟାରି ନେଇ ଦିଆଗଲା ଏତେ ଶାସ୍ତି ମୋର
କ୍ଷୁଦ୍ରାଦପି କ୍ଷୁଦ୍ର ଆତ୍ମା ଯାହାକୁ ସହିବା
ବଡ଼ କଷ୍ଟକର ।

ମୁଁ ଶୁଣିଲି ମୁଁ ତୃତୀୟ ଦିନ ପୂରାପୂରି
ସୁସ୍ଥ ହୋଇ ଯାଇଥିଲି । ପ୍ରକୃତ ପକ୍ଷେ ମୁଁ
ଦୁଇଦିନ ପରେ ମୁଣ୍ଡ ତଳକୁ ଓ ଗୋଡ଼ ଉପରକୁ
ହୋଇ ଝୁଲି ରହିବାରେ ଅଭ୍ୟସ୍ତ ହେଲି, ମୋ
ଅଙ୍ଗପ୍ରତ୍ୟଙ୍ଗରେ ଆଉ ହଲ୍‌ଚଲ୍ ନଥିଲା, ମୁହଁର
ରଙ୍ଗଥିଲା କାଦୁଅର ରଙ୍ଗ,
ମତେ ଦେଖି ସମ୍ଭବତଃ ଅନ୍ୟମାନଙ୍କର
ପଥଶ୍ରମ କମୁଥିଲା, ଦାର୍ଶନିକ ଭାବାପନ୍ନ ଲୋକେ
କହିଲେ ଓଲଟ ବୃକ୍ଷ ପରି ଦେଖ ଅଟେ ଏ ସଂସାର ।
ମର୍ତ୍ତ୍ୟରେ ମାୟାର ଡାଳ, ମହାଶୂନ୍ୟେ ଲଟକିଛି ଚେର ।

ମୁଁ ଖୁବ୍ ଚିଡ଼ିଲି, କିନ୍ତୁ ତୃତୀୟ ଦିନ ମୁଁ
ବୁଝିଲି ଏହା ମୋ ଭାଗ୍ୟ, ଏପରି ଝୁଲିବା
ଅତଳ ଉପରେ, ଏବଂ ମୂଷାର ଦୟାରେ
ଅବଶିଷ୍ଟ ଜୀବନ ଜୀଇଁବା ।

ଧୀବର

ସମୁଦ୍ରକୁ ବର୍ତ୍ତମାନ ସ୍ତୁତି କରିବାର
ବେଳ ଆସିଲାଣି, ଯେହେତୁ ସମୁଦ୍ର
ଅମୃତ ଓ ହଳାହଳ ଉଭୟ ରଖିଛି, ଉଭୟେ ଦେହକୁ
ହଲ୍‌ଚଲ୍ ହେବା ଲାଗି କ୍ଷମତା ଦିଅନ୍ତି।
ହଲଚଲ୍ ହେବା ମାନେ ଜୀବନରେ ଥିବା, ଆମେ ବର୍ତ୍ତମାନ
ଜୀବନରେ ଅଛୁଁ ବୋଲି ପ୍ରମାଣ ଖୋଜୁଛୁଁ,
ଆମେ ଘରେ କହିଛୁଁ ଯେ ସମୁଦ୍ରରୁ ଫେରିଲାବେଳକୁ
ଆମର ଦେହରେ ନୂଆ ପରାକ୍ରମ ଥିବ
ଥିବ ପୁନର୍ଜ୍ଜୀବନର ସ୍ପଷ୍ଟ ନିଦର୍ଶନ।

ସମୁଦ୍ର ଗର୍ଜ୍ଜିଲାବେଳେ ପ୍ରତି ହୃଦୟରେ
ଆତଙ୍କ ଉପୁଜେ, ଅନ୍ତତଃ ଏତିକି
ସମୁଦ୍ରର ଭଲଗୁଣ-ବିନା ବାଛବିଚାରରେ ନିର୍ଦ୍ଦୟ ହେବା ଓ
ସଭିଙ୍କୁ ଡରାଇଦେବା ସମାନଭାବରେ।
ଯାହାଙ୍କର ପିତାମାତା ଆଜୀବନ ଭରଣପୋଷଣ
ଧନ୍ଦାରେ ସନ୍ତୁଳି ହେଲେ ଏବଂ ଯାହାଙ୍କର
ଧାରଣା ଯେ ତାଙ୍କରକ୍ତ ନୀଳବର୍ଣ୍ଣ ଅଟେ,
ସମସ୍ତେ ସମାନଭାବେ ଆତଙ୍କିତ। ସମୁଦ୍ର ଆମକୁ
ଯଦି ଧ୍ୱଂସ କରିଦିଏ ତାହେଲେ ବି ଆମେ ଛୋଟଲୋକ
ବୋଲି ସେ ଭାବିବ ନାହିଁ, ଆମ ପିଲାକବିଲାଙ୍କ ପାଇଁ
କେତେବଡ଼ ଏ କଥା ଟିକକ!

ଅନେକଙ୍କୁ ଧ୍ୱଂସ କଲା
ଏ ସମୁଦ୍ର, ତାର ଅନିଶ୍ଚିତ
ସ୍ନେହକୁ ଅପେକ୍ଷା କରି ଭାଙ୍ଗିଗଲା ଅନେକ ଜୀବନ
କାହିଁ କେଉଁ ଅତଳକୁ ଓଟାରି ନିଏ ତା
ଆଦିଗନ୍ତ ପ୍ରସାରିତ ହାତ,
ସେଠାରେ କେବଳ ଶୁଭେ
ସ୍ତବ୍ଧତାର ଦୀର୍ଘଶ୍ୱାସ, ସେଠିକା କାନ୍ଥରେ
କେତେ ପ୍ରତିକୃତି, ସବୁ ପ୍ରତିକୃତି ପ୍ରାଗୈତିହାସିକ
ଗାଢ଼ କଳା ରଙ୍ଗେ ଉଦ୍‌ଭାସିତ

ଏତିକି ଶୋଚନା ଆଜି
ଯେଉଁମାନେ ରହିଗଲେ ତାଙ୍କର ମୁରବୀ
ହେବେ ଅବିବେକୀ ଲୋକେ, ଯେଉଁମାନେ ଚମକି ନିଦରୁ
ଉଠନ୍ତିନି, ମୁଣ୍ଡ ବାଡ଼ାନ୍ତିନି
ଯଦିଓ ଅନେକ କଥା ବିଗିଡ଼ିଗଲା ଓ
ଯଦିଓ ରୋଗିଣା ପିଲା କଳେ କଳେ ଦୁଧଖାଇ ତରାଙ୍କ ଥନରୁ
ଶୋଇଗଲେ, ସକାଳ ପାହିଲେ
ଆଉ ଖାଦ୍ୟ ମିଳିବନି ପୃଥିବୀରୁ କିମ୍ବା ଆକାଶରୁ।

ମହାପ୍ରଭୁ, ଯଦି ତମେ ଇଚ୍ଛାକର ସମୁଦ୍ର ଫେରାଉ
ଆମକୁ ତାହେଲେ ତମ ଇଚ୍ଛା ପୂର୍ଣ୍ଣ ହେଉ
କୁଆ କା କରିବା ପୂର୍ବରୁ,
ମାଗଣାରେ ମିଳିଥିବା ଗଦାଗଦା ଖବର କାଗଜ
ଜାଳି ସଜା ହୋଇଥିବା ଚିତାଗ୍ନିରେ
ପିଲାମାନେ ଶୋଇବା ଆଗରୁ

ଚିତ୍ର ପ୍ରତିମା

କାନ୍ଥରେ ହଠାତ୍
ଉଜ୍ଜ୍ୱଳ ଆଲୋକ କିଛି ଦେଖାଗଲା ଯେବେ
କୃଷ୍ଣକାୟ ସ୍ତମ୍ଭପରି ମୁଁ ଘରକୁ ପଶିଲି, ଘରର
ନାନାଦି କୋଣରେ ନାନା ଧ୍ୱଂସାବଶେଷ ଓ
କେତେ ଯେ ବକ୍ତବ୍ୟ କେତେ ସ୍ମୃତି ପ୍ରତ୍ୟେକର !
ଆସ୍ତେ ଆସ୍ତେ ସେ ଆଲୋକ ପରିଣତ ହେଲା
ହାଡୁଆ ମୁହଁରେ, ତାହା ଦିଶେ ବହୁଦୂରେ,
ପୁଣି ଦିଶେ ନିକଟରେ, କାନପାଖେ ଫୁସ୍ ଫୁସ୍ କରି
କହୁଛି ଯେ ଦେଖ ଦେଖ ଋତୁ ବଦଳିଲା
ଆହୁରି ଅନେକ କଥା ଅବୋଧ ଭାଷାରେ ।

ଅତର୍କିତ ଆକ୍ରମଣ
ଝରକାର ସେପାଖରୁ ମଲ୍ଲୀଫୁଲ ବାସ୍ନାର ଓ ଏକ
ଭଙ୍ଗାରୁଜା ସହରର ଦୁଗ୍ଧଫେନନିଭ ଶୈଶବର,
ବହୁଦିନୁଁ ହଜିଥିବା ଅନ୍ତରଙ୍ଗତାର,
ଫେରିବାର ପାଦଚିହ୍ନ ଓଦାବାଲି ଉପରେ ଦିଶେ ଓ
କେଉଁ ଏକ ଶତାବ୍ଦୀର କେଉଁ ଏକ ମୁହୂର୍ତ୍ତରେ
କେଉଁ ଏକ ଅରଣ୍ୟରେ ଶୁଣାଯାଏ
କେଉଁ ଏକ ସନ୍ନ୍ୟାସୀର ସ୍ୱର ।

କୋଠରୀ ଗୋଟାକ ଜଳେ ମୁଁ ନିଜେ ତରଳେ
ମରିବା ଆରମ୍ଭ ହୁଏ ବର୍ଷପରେ ବର୍ଷ ବିତିଯାଏ
ରାସ୍ତା ସରିସରି ଆସେ ପେଚା କୁହାଟର
ବାହନରୁ ମୁଁ ଓହ୍ଲାଇ ତମକୁ ଦେଖିବା
ଲାଗି ମୋର ଆଖି ବୁଜିଦିଏ ।

ତମେ ଦିଶ ଯେଉଁପରି ଦେଖାଯାଏ ନିଜର ଅତୀତ,
ନିଜର ଚିନ୍ତାର ଶବ୍ଦ ପରି ଶୁଭେ ତମ ସ୍ୱର, ତମେ
ମୋ ଠାରୁ ବିଚ୍ଛିନ୍ନ କଲ
ମୋର ସବୁ ସୁକୃତ ଦୁଷ୍କୃତ ।
ମୁଁ କେବଳ ଏକ ସ୍ରୋତ ବୋହିଯାଏ ତମରି ଆଡ଼କୁ,
ଜନ୍ମ ପୁନର୍ଜନ୍ମ ପିଲାଦିନ ବୁଢ଼ାଦିନ
କିଛି ନାହିଁ ଏପରି କି ତମ ହସହସ
ମୁହଁ ନାହିଁ, ଅଥଚ ମୁଁ ଦେଖୁଛି ତମକୁ ।

କେତେ ଆଚମ୍ବିତ କଥା ଚାହୁଁ ଚାହୁଁ ଘଟିଲା ! ସବୁଠୁଁ
ଆଶ୍ଚର୍ଯ୍ୟ କଥା ମୁଁ ଫେରିଗଲି ମୋ ଜନ୍ମର
ପୂର୍ବ ସମୟକୁ, ସେତେବେଳେ ପୃଥିବୀ ନ ଥିଲା,
ନ ଥିଲା ପର୍ବତ ଗଛପତ୍ର ନଈନାଳ,
ନାଆଁ ନ ଥିଲା, ଖାଲି ମୁଁ ଥିଲି, ଈଶ୍ୱର
ପ୍ରତି କୋଣେ ମୁଁ ଏବଂ ମୁଁ ହିଁ କେବଳ ।

ମୁଁ ଆତଙ୍କଗ୍ରସ୍ତ ହୋଇ
ପାଟିକଲି ଦିଅମତେ ହାତ ଗୋଡ଼ ଦିଅ,
ଘରଟିଏ ଦିଅ ଯେଉଁଠି ମୁଁ ଦିନେ ଥୁରୁ ଥୁରୁ
ବୁଢ଼ାଟିଏ ହୋଇକରି ମରିଯିବି, ଦିଅ କଣ୍ଠସ୍ୱର,
ମୁଁ ଡାକିବି ସନ୍ତାନକୁ, ଏପରି ଋତୁକୁ
ଯେତେବେଳେ ପତ୍ରଝଡ଼େ ବୃକ୍ଷମାନଙ୍କରୁ ।

କାନ୍ଥକୁ ଆଉଜି କାନ୍ଦି
ପାଟି କଲାବେଳେ
ମୁଁ ହଠାତ୍ ଦେଖିଲି ଯେ ମୋର ହାତ ଅଛି, ମୁଁ ସେଥିରେ
ତମକୁ, ଅର୍ଥାତ୍ ତମ ଫଟୋକୁ ଛୁଉଁଛି,
ତମେ ପୁଣି ହସୁଅଛ, ସେ ଘରର ଅନ୍ୟ ବଖରାରେ
ଭଲ ପାଇବାଠୁଁ ଭଲ ନ ପାଇବାଯାଏଁ
ଲମ୍ବା ରାସ୍ତା ଚାଲିଚାଲି ବସିଅଛି
କ୍ଲାନ୍ତ ନାରୀଟିଏ ।

ତମ ଭାଗ୍ୟ

ମର୍ ବୋଲି ତମେ ଦେଲ ଅଭିଶାପ, ତେଣୁ
ମରିବା ଆରମ୍ଭ କଲି, ପୋଡ଼ିଗଲା ପରି
କଳା ଦେଖାଗଲା ଦେହ, ଚମ ଢିଲା ହେଲା,
ତମର ହାତର ଏକ ଇଙ୍ଗିତରେ ବାସୀ ଫୁଲପରି
ମୋ ଦେହରୁ ମାଂସ ଝଡ଼ିଗଲା।
ତମ କାଳ ତୁଣ୍ଡ କଳାସାପ ପରି ବୁଦା ଉହାଡ଼ରେ
ଲୁଚି କରି ଚାହିଁଥିଲା ମୋ ଖାଲି ପାଦକୁ,
ତମ ଶବ୍ଦମାନେ ଛପି ପଥର ପଛରେ
ଆତତାୟୀ ପରି ଜଗିଥିଲେ,
ଘୃଣାର ଆଦିମ କଳା ରଙ୍ଗ ଦେଖାଗଲା
ତସ୍କର ପ୍ରେତାତ୍ମା ଏବଂ ବୃଶ୍ଚିକ ରୂପରେ,
ହଠାତ୍ ନିଶ୍ଚିହ୍ନ ଏକ ସଡ଼କ ଭାବରେ।

ଡର ମାଡ଼ିଲାନି, ଡର କାହାକୁ? କାହିଁକି?
ପିଲାଦିନୁ ଜାଣିଛି ଯେ ଦିନେ ନା ଦିନେ ଏ
ଜୀବନର ଲୀଳା ଖେଳା ସରିଯିବ। ଶୋଚନା ଏତିକି
ତମର ମୁହଁରେ ଏବଂ ତମର ଇଚ୍ଛାରେ
ମୃତ୍ୟୁ ହେଲା ସାକାର। ତମେ ତ
ସରୁ ଦୀପଶିଖାଟିଏ ପରି ଥିଲା ସୁନ୍ଦର, ନିର୍ମଳ
ମୁଁ ତ ଛିଡ଼ା ହେଇଥିଲି ପବନ ଓ ତମର ଭିତରେ,

କାଳେ ତମେ ଥରିଯିବ ତେଣୁ ମୋ ନିଃଶ୍ୱାସ
ଚାଲୁ ଥିଲା କେଡ଼େ ଉଶ୍ୱାସରେ !
ଅନ୍ୟ ଏକ ନାରୀକୁ ମୁଁ
ଚିହ୍ନିଥିଲି ବହୁଦିନ ତଳେ
(ଆଜି କାଲି ସେ ରହିଛି ଫଟୋରେ), ତା ପାଦଧ୍ୱନି
ଏବେ ମଧ୍ୟ ଶୁଭେ ବେଳେ ବେଳେ
ଏବେ ମଧ୍ୟ ଶୁଭେ ତା'ର ଖିଲ୍ ଖିଲ୍ ହସ।
ସେ କଥା କହିଲାବେଳେ ଯୋଗିନୀ ଡାକିନୀ
ଦେଖାଯାନ୍ତି ଅପ୍‌ସରା ରୂପରେ,
ଆତ୍ମା ହୁଏ ସ୍ଥିର, ଯେଉଁପରି ଦୂରର ପର୍ବତ
ଦେଖାଯାଏ ବୁଡୁଥିବା ଜହ୍ନ ଆଲୁଅରେ।
ବତାସ ଅନେକ ଥର ଆସେ, ପ୍ରତିଥର
ପଦ୍ମଫୁଲ ବାସ୍ନା ନେଇ ଫେରେ।

ଜହ୍ନର ବୁଡ଼ିବା ଏବଂ ସୂର୍ଯ୍ୟର ଉଇଁବା,
ସୂର୍ଯ୍ୟର ବୁଡ଼ିବା ସବୁ ଦେଖିବାକୁ ଶିଖିଲି ମନରେ
ବିଷାଦ ନ ରଖି, ଶିଖିଲି ମୁଁ ନିଜକୁ ସାମିଲ୍
କରି ଦେବା ଲାଗି ତାରାମାନଙ୍କ ସାଙ୍ଗରେ।

ତମ ଅଭିଶାପ ଆଜି ସତ ହେଲା ବେଳେ
ଡର ନୁହେଁ, ଦୁଃଖ ଲାଗେ ଖାଲି।
ଗୋଟିଏ ଫଟୋରେ ଚିତ୍ର ଜୀବନକୁ ଫେରି ଆସେ, କିନ୍ତୁ
ଜୀଅନ୍ତା ମଣିଷଟିଏ ପରିଣତ ହୁଏ ଦୁଃସ୍ୱପ୍ନରେ,
ଅବିଳମ୍ବ ସକାଳର ଆଲୋକକୁ ଦେଖି
ତାହା ଲୁଚେ ଶୂନ୍ୟଗର୍ଭ ଅନ୍ଧାର ଭିତରେ।

ଯେଝା ବାଟ

ଏଇ ଚାଖିଆ ପରେ
ତମେ ଯିବ ତମର ଘରକୁ
ମୁଣ୍ଡରେ ଓଢ଼ଣା, ଦେହ ଘୋଷାରି ଘୋଷାରି
ମା ଏବଂ ଜେଜେମା ହେବାକୁ।

ଏଇ ଚାଖିଆ ପରେ
ମୁଁ ଫେରିବି ମୋ କାର୍ଯ୍ୟାଳୟକୁ,
ନଥିରେ ଲେଖିବି କେତେ ନିର୍ଦ୍ଦେଶ ଯାହାର
ଶକ୍ତି ନାହିଁ କୌଣସି କଥାକୁ
ବଦଳାଇ ଦେବା ଲାଗି, ଯାହା ବଦଳୁଛି
ଅବରୋଧ କରିବାକୁ ତାକୁ।

ଏଇ ଜୀବନଟି ପରେ
ମୋ ଫୁସ୍‌ଫୁସ୍‌ରେ ଥିବା କର୍କଟ ରୋଗରେ
ମୋ ଦେହାନ୍ତ ହୋଇଯିବା ପରେ,
ତାର କିଛି ଦିନ ଆଗୁଁ ଅଥବା ଉପରେ
ତମେ ଆଖି ବୁଜିଦେବା ପରେ

ଅନ୍ଧାର ସମୁଦ୍ର ଥିବ, ଆମେ ତା ଭିତରେ
ଛୋଟ ଛୋଟ ମାଛପରି କାହିଁ କେଉଁଠାରେ

ରହିଥିବା, ସମୁଦ୍ରର ମୁଁ ଥିବା ଜାଗାରେ
ତମର ସୌନ୍ଦର୍ଯ୍ୟ ଯଦି ପୁଣି ଦୃଶ୍ୟ ହେବ
କଳାକଳା କାନ୍ଥମାନେ ତମେ ଥିବାଠାରେ
ଭୁଷୁଡ଼ି ପଡ଼ିବେ, ଆଲ୍‌କାତରାର
ଜୁଆରରେ ମୋ ସ୍ମରଣ ଶକ୍ତି ଭାସିଯାଇ
ଲାଖିଯିବ ବିଚ୍ଛେଦର ଦୂରତମ ସୀମାନ୍ତ ଗାଆଁରେ ।

ଏଇ ଚାଖିଆ ପରେ,
ଏଇ ଜୀବନଟି ପରେ
ପୃଥିବୀର ବଙ୍କାଢ଼ଙ୍କା ରାସ୍ତାରେ ଓ ଅସ୍ନା ବାସଗୃହ
କୋଟି କୋଟି ଲୋକଙ୍କର ଚାଲ୍‌ବୁଲ୍
ଜୀଇଁବା ଓ ମରିବା ଉତ୍ତାରେ
କଣ ଶୁଭେ ? କଣ ଦେଖାଯାଏ ?
ସରିଥିବା ଦୁଃଖାତ୍ମକ ନାଟକର ଅନ୍ତିମ ଦୃଶ୍ୟରେ
ହିରୋ ହିରୋଇନିଙ୍କର କଥାବାର୍ତ୍ତା, ପୁଣି ଅସମ୍ଭବ
ଶରତ ଋତୁର ଭୋର୍ ବେଳେ ଏକ ଲୁହ ସୁଡୁ ବୁଡୁ
ନୀଳ କଇଁଫୁଲଟିଏ ପୋଖରୀ ଭିତରେ ।

ପୃଷ୍ଠବନ୍ଧ

୧

କେତେକ ଲେଖକଙ୍କ ମତରେ ଏପରି ଏକ ଗୁରୁତର ସମସ୍ୟା ବର୍ତ୍ତମାନ ଉପୁଜିଛି ଯେ ତଦ୍ଵାରା ସାହିତ୍ୟର ଭବିଷ୍ୟତ ବିପନ୍ନ ହୋଇପଡ଼ିଛି । ଅଧିକରୁ ଅଧିକ ଲେଖକ ସେମାନଙ୍କ ଓ ପାଠକମାନଙ୍କ ଭିତରେ ଯଥେଷ୍ଟ ସମ୍ପର୍କ ରହିପାରୁ ନାହିଁ ବୋଲି କ୍ଷୋଭ ପ୍ରକାଶ କରୁଛନ୍ତି ଏବଂ ଆଧୁନିକ ସାହିତ୍ୟ, ବିଶେଷତଃ ଆଧୁନିକ କବିତା ପ୍ରତି ସମାଜରେ ଆଗ୍ରହର ଅଭାବ ଏକ ଦୁଃଖଦାୟକ ପରିସ୍ଥିତି ବୋଲି କହୁଛନ୍ତି । ଏ ସମସ୍ୟା ସବୁକାଳେ ଲେଖକମାନେ ଉପଲବ୍ଧି କରିଛନ୍ତି; ସବୁକାଳେ ସେମାନେ ନିଜ ନିଜର ରଚନାକୁ ଅଜ୍ଞତା ଓ ଉଦାସୀନତାର ତମିସ୍ରା ଭିତରେ ସାହସର ସହିତ ଅଗ୍ରସର ହେଉଥିବା ନିଷ୍ପାପ ଓ ସୁନ୍ଦରୀ ବାଳିକାଟିଏ ବୋଲି ଭାବି ଆସିଛନ୍ତି । କିନ୍ତୁ ପୂର୍ବକାଳେ ଲେଖକମାନେ ସାହିତ୍ୟ ସୃଷ୍ଟିକୁ ନିଜେ ନିଜର ସାର୍ଥକତା ବୋଲି ମନେ କରୁଥିଲେ ଏବଂ ସର୍ବସାଧାରଣରେ ତାହା କେତେ ଆଦୃତ ହେଲା ସେ ବିଷୟରେ ବିଶେଷ ବିଚଳିତ ହେଉ ନ ଥିଲେ । ଜନତାର ବାହାବା ଲୋଡ଼ିବାର ମନୋବୃତ୍ତି ସେମାନଙ୍କର ନ ଥିଲା ଏବଂ ସେମାନଙ୍କ ସୃଷ୍ଟିର ମାନଦଣ୍ଡ ଥିଲା ଗୋଟିଏ ବିରଳ, ଏପରି କି ଅନାଗତ ରୁଚିର ମାନଦଣ୍ଡ ।

*ଯେ ନାମ କେଚିଦିହ ନଃ ପ୍ରଥୟନ୍ତ୍ୟବଜ୍ଞାଂ
ଜାନନ୍ତି ତେ କିମପିତାନ୍ ପ୍ରତି ନୈଷଯତ୍ନଃ
ସଂପସ୍ୟତେଽସ୍ତି ମମ କୋଽପି ସମାନଧର୍ମା
କାଳୋହ୍ୟୟଂ ନିରବଧି ବିପୁଳାଚ ପୃଥ୍ଵୀ ଭବଭୂତି

(ଏଠାରେ କେହି କେହି ଆମକୁ – ଅର୍ଥାତ୍ ଏ କାବ୍ୟକୁ ତାଚ୍ଛଲ୍ୟ କରୁଛନ୍ତି । ସେମାନେ ବୁଝିପାରୁ ନାହାନ୍ତି ଯେ ଏ ପ୍ରଚେଷ୍ଟା ତାଙ୍କ ପାଇଁ ଉଦ୍ଦିଷ୍ଟ ନୁହେଁ । ଅନନ୍ତକାଳ ଏବଂ ଏହି ବିସ୍ତୀର୍ଣ୍ଣ ପୃଥିବୀରେ ମୋର ରୁଚି ଏବଂ ଆବେଦନ ପ୍ରତି ସମ୍ବେଦନଶୀଳ କେହି ନା କେହି ତ ଥିବେ ! ନ ଥିଲେ ସେ ଦିନେ ନା ଦିନେ ତ ଜନ୍ମ ହେବେ !)

ପରବର୍ତ୍ତୀ କାଳରେ ଲେଖକମାନେ ଏକ ବୃହତ୍ତର ଗୋଷ୍ଠୀର ତାରିଫ୍ ଲୋଡ଼ି ବସିଲେ ଏବଂ ତାହା ନ ମିଳିଲା ବେଳେ ଲୋକରୁଚିକୁ ତୀବ୍ର ସମାଲୋଚନା କରି ବସିଲେ। ସେମାନଙ୍କ ସାହିତ୍ୟ-କୃତି ସହିତ ଏକ ଈପ୍‌ସିତ ପ୍ରତିକ୍ରିୟା ଅଙ୍ଗାଙ୍ଗୀ ଭାବେ ଜଡ଼ିତ; ଅନ୍ୟ ଭାଷାରେ କହିଲେ ସେ କୃତି ଏକ ନିର୍ଦ୍ଦିଷ୍ଟ ଗୋଷ୍ଠୀ ପ୍ରତି ଉଦ୍ଦିଷ୍ଟ, ସେ ଗୋଷ୍ଠୀର ରୁଚି ଓ ଚାହିଦା ଦ୍ୱାରା ନିୟନ୍ତ୍ରିତ। ବ୍ୟକ୍ତିଗତ ଆବେଗର, ସମାଜଠାରୁ ବ୍ୟକ୍ତିର କଷ୍ଟଦାୟକ ବିଚ୍ଛିନ୍ନତାର ଅନାବିଳ ପରିପ୍ରକାଶ ଇତ୍ୟାଦି ଯେଉଁ ଗୁଣ ଆଧୁନିକ ସାହିତ୍ୟଠାରେ ଆରୋପ କରାଯାଏ, ଏ ପରିପ୍ରେକ୍ଷୀରେ ଦେଖିଲେ ତାହା ଅଯୌକ୍ତିକ ମନେହୁଏ। ଯେଉଁ ବିଚ୍ଛିନ୍ନତା ଅନେକ ଆଧୁନିକ ସାହିତ୍ୟରେ ପ୍ରକଟିତ, ତାହା ପାଖବଖରାରେ ଲୁଚିକରି ବସିଥିବା ଶିଶୁର ବିଚ୍ଛିନ୍ନତା। ସେ ଆଶା କରି ବସିଥାଏ ଯେ ଅବିଳମ୍ବେ ତାର ମାଆ ତାକୁ ଖୋଜି ଖୋଜି ସେଠି ପହଞ୍ଚିଯିବ ଏବଂ ବୁଝାଇ ସୁଝାଇ, ଗେଲ କରି ଖାଇବାକୁ ଡାକି ନେବ। ସେ ଘର ଛାଡ଼ି ବାହାରକୁ ଯାଏ ନାହିଁ ଏବଂ ଆଉ ଗୋଟିଏ ବଖରାରେ ରହିବାର ସାମୟିକ ବିଚ୍ଛିନ୍ନତା ହିଁ ତାର ଏକମାତ୍ର ବିଚ୍ଛିନ୍ନତା।

ପ୍ରକୃତ ପକ୍ଷେ ଆଜିର ସାହିତ୍ୟିକ ତାର ପରିବେଶକୁ ଖୁବ୍ ବେଶି ଭଲପାଏ, ତା ଉପରେ ଖୁବ୍ ବେଶି ନିର୍ଭର କରେ। ସେ ଏ ପରିବେଶରୁ ଯାହା ପାଇବାକୁ ଆଶା କରେ ତାହା ନ ପାଇଲେ ହତାଶ ଓ ବିରକ୍ତ ହୁଏ। ମନୁଷ୍ୟର ଅନ୍ତରର ଅପରିସ୍ଫୁଟ ଭାବାବେଗର ପ୍ରକାଶ ସହିତ ସାଫଲ୍ୟ ଅର୍ଜନ ଆଜି ତାର ଉଦ୍ଦେଶ୍ୟ ହୋଇପଡ଼ିଛି। ଏ ସାଫଲ୍ୟର ସଂଜ୍ଞା ହେଉଛି ସ୍ୱୀକୃତି, ନିଜର ଅଦ୍ୱିତୀୟ ଶୈଳୀ ଓ ମହାର୍ଘ୍ୟ ଜୀବନଦର୍ଶନକୁ ତାରିଫ୍ କରୁଥିବା ଲୋକଙ୍କ ଗହଳ।

କୌଣସି କଳା-ସୃଷ୍ଟିର ଆଦର ଯେ ସୀମିତ ହେବ ଏକଥା ମୂଳରୁ ବୁଝିନେବା ବାଞ୍ଛନୀୟ। ଏହା ସବୁକାଳେ ସୀମିତ ଥିଲା ଏବଂ ଆମ ଜୀବଦ୍ଦଶାରେ ଯେ ପରିସ୍ଥିତି ବଦଳିଯିବ, ଏ କଥା ଭାବିବା ଉଚିତ ନୁହେଁ। ଯଦି ଆମଠାରୁ ଖୁବ୍ ବଡ଼ ବଡ଼ ଲେଖକମାନେ ଅତି ସୀମିତ ଆଦରରେ ସନ୍ତୁଷ୍ଟ ହୋଇଥିଲେ, ଆମ ପକ୍ଷରେ ଏକ ବିପୁଳ ଜନସମର୍ଥନ ଅପରିହାର୍ଯ୍ୟ ହୋଇ ପଡ଼ିବ କାହିଁକି ? ଆମେ ଲେଖୁଛୁ- ଯେହେତୁ ଆମେ ଲେଖା ବନ୍ଦ କରିପାରୁ ନାହୁଁ, ଜନସମର୍ଥନ ପାଇବା ପାଇଁ ନୁହେଁ। ଯଦି ଲୋକସମର୍ଥନ ସଙ୍ଗଠିତ କରିବା ଲେଖକର ଦାୟିତ୍ୱ ହୁଏ, ସେ ଦାୟିତ୍ୱ ତୁଲାଇବା ପାଇଁ ନିଜର କାବ୍ୟମାନସକୁ ତଳକୁ ଓହ୍ଲାଇ ଆଣିବାକୁ ପଡ଼ିବ, ଲୋକମତ ସଙ୍ଗଠନର କାଇଦା ପାଖରେ ଆତ୍ମସମର୍ପଣ କରିବାକୁ ପଡ଼ିବ।

ଏ ଆତ୍ମସମର୍ପଣର ଅଭିଜ୍ଞତା ଅତ୍ୟନ୍ତ ଦୁଃଖଦାୟକ। ଯେଉଁ ମାଧ୍ୟମରେ ଲୋକମତ ପ୍ରକାଶିତ ହୁଏ ବା ନିୟନ୍ତ୍ରିତ ହୁଏ, ତାହା ସାଧାରଣତଃ ଏପରି ଲୋକଙ୍କ

ହାତରେ ଥାଏ, ଯେଉଁମାନଙ୍କ ପାଖରେ ସୁରୁଚି ଅପେକ୍ଷା ଜାଗତିକ କୃତିତ୍ୱ ବେଶି ଗୁରୁତ୍ୱପୂର୍ଣ୍ଣ। ସେମାନେ ନିଜ ସାହାଯ୍ୟର ଓ ପୃଷ୍ଠପୋଷକତାର ମୂଲ୍ୟ ଅବଶ୍ୟ ଧାର୍ଯ୍ୟ କରିବେ ଏବଂ ସେ ମୂଲ୍ୟ ହେଉଛି ସେମାନଙ୍କ ଉଦ୍ଦେଶ୍ୟ ପ୍ରତି ପୂର୍ଣ୍ଣ ଆନୁଗତ୍ୟ। ଏ ଆନୁଗତ୍ୟର ମୂଲ୍ୟ ସ୍ୱରୂପ ନିଜର କଳ୍ପନାଶକ୍ତି ଓ ଭାଷା ପ୍ରୟୋଗର ସାମର୍ଥ୍ୟକୁ ଏପରି ଉଦ୍ଦେଶ୍ୟରେ ବିନିଯୋଗ କରିବାକୁ ହେବ ଯାହା ନିଜର ରୁଚି ଓ କାବ୍ୟାଦର୍ଶର ବିରୋଧାତ୍ମକ। ଥରେ ପ୍ରଚାର-କୌଶଳ ସହିତ ସଂଶ୍ଳିଷ୍ଟ ହୋଇଗଲେ ତାର ଅତ୍ୟାଚାରରୁ ମୁକୁଳିବା କଷ୍ଟକର। ସେ ଅତ୍ୟାଚାର ଏଡ଼େ ତୀବ୍ର ଯେ ଚୁପ୍‌ଚାପ ନିଜ ମନର ଆନ୍ଦୋଳନକୁ ମୁକାବିଲା କରୁଥିବା କବି ଶସ୍ତା ମନୋହରୀ ଜିନିଷର ପ୍ରଗଲ୍‌ଭ ବୁଲାବିକାଳୀ ପାଲଟିଯାଏ, କୁରୁଚିର ଉପାସନାରେ ନିଜର ଆତ୍ମାକୁ ହଜାଇ ଦିଏ। ଯେଉଁମାନେ ଏକଦା ଲେଖକ ଥିଲେ ସେମାନେ ଭିକାରୀଙ୍କ ପରି ଧାଡ଼ି ଧାଡ଼ି ହୋଇ ବସିଥିବା ଏବଂ ବାଟରେ ଯାଉଥିବା ସ୍ୱଚ୍ଛଳ ବ୍ୟକ୍ତିମାନଙ୍କର ସ୍ତୁତିଗାନରେ ପରସ୍ପରରେ ପ୍ରତିଯୋଗିତା କରୁଥିବା ଦୃଶ୍ୟ କେଡ଼େ ହୃଦୟବିଦାରକ! ସେମାନେ ଆଉ ପ୍ରଶ୍ନ ପଚାରୁନାହାନ୍ତି; ଉତ୍ତର ଯୋଗାଇବାର କଳାରେ ସେମାନେ ସିଦ୍ଧହସ୍ତ।

ପ୍ରତ୍ୟେକ ଉଲ୍ଲେଖଯୋଗ୍ୟ ସାହିତ୍ୟରେ ପ୍ରଶ୍ନ ପଚରାଯାଏ। ସେ ପ୍ରଶ୍ନ ଶୁଣିବାକୁ ସମସ୍ତେ, ଏପରି କି ସ୍ୱୟଂ ଈଶ୍ୱର ମଧ୍ୟ ଶୁଣିବାକୁ ବାଧ୍ୟ। ସେ ପ୍ରଶ୍ନଗୁଡ଼ିକ ଏକାଧାରରେ ସରଳ ଓ ଜଟିଳ। ଛୋଟ ଛୁଆଟିଏ ମରିଗଲେ ସେ ସାହିତ୍ୟ ସମଗ୍ର ବିଶ୍ୱକୁ କାଠଗଡ଼ାରେ ଠିଆ କରାଇଦିଏ। କୌଣସି ଅହେତୁକ ଶାସ୍ତିରେ କେହି ନିର୍ଯ୍ୟାତିତ ହେଲେ ସେ ସାହିତ୍ୟ ସଚରାଚରଠାରୁ କୈଫିୟତ୍ ତଲବ୍ କରେ। ସାହିତ୍ୟିକ ଦୃଷ୍ଟିରେ ସଭ୍ୟତା ହେଉଛି ପ୍ରଶ୍ନ ପଚାରିବାର ସ୍ୱାଧୀନତା ଏବଂ ଯେଉଁଦିନ ଆଉ ପ୍ରଶ୍ନ ପଚରାଯାଉନାହିଁ-ସେଦିନ ସଭ୍ୟତାର ପରିସମାପ୍ତି ଘଟିଛି ବୋଲି ଧରିନିଆଯାଇପାରେ। ଯଦି ସାହିତ୍ୟିକ ପ୍ରଶ୍ନ ପଚାରିବାର ଐତିହ୍ୟରୁ ନିଜକୁ ଅଲଗା କରି ରଖେ ବା କୋଳାହଳମୟ ପ୍ରଶଂସା ଭିତରେ ନିଜର ସ୍ୱର ଲୀନ ହେବାକୁ ଛାଡ଼ିଦିଏ, ସେ ଆଉ ସାହିତ୍ୟିକ ହୋଇ ରହିବ ନାହିଁ; ହେବ ଏକ ଉଚ୍ଚାଙ୍ଗ ପରମ୍ପରାର ମଡ଼ାଚଣ୍ଡିଆ।

ଯେତେବେଳେ ଏପରି ପରିସ୍ଥିତି ଉପୁଜେ, ଯେତେବେଳେ ଆଉ ପ୍ରଶ୍ନ ପଚରାଯାଏ ନାହିଁ ଏବଂ ସବୁଆଡ଼େ ହାଟବଜାରରେ କୋଳାହଳ ଶୁଭେ, ସେତେବେଳେ ସାହିତ୍ୟ ଲେଖାଯିବ ନିଶ୍ଚୟ, କିନ୍ତୁ ସେ ସାହିତ୍ୟର ସଭ୍ୟତା ସହିତ ସମ୍ପର୍କ ପ୍ରାୟ ରହିବ ନାହିଁ। ଗଲା କେତେବର୍ଷ ଭିତରେ ପୃଥିବୀର ଛାପାଖାନାମାନଙ୍କରୁ ଯେତେ ସାହିତ୍ୟ ବାହାରିଛି ଇତିହାସରେ ତାର ପଟାନ୍ତର ନାହିଁ, କିନ୍ତୁ ସେଗୁଡ଼ିକ ଭିତରୁ ଅଧିକାଂଶ ଅଳ୍ପ କେତେଦିନ ପରେ ନିଶ୍ଚିହ୍ନ ହୋଇ ଯାଇଛନ୍ତି। ତାର କାରଣ

ହେଉଛି, ସେଗୁଡ଼ିକ ଆମ ସଭ୍ୟତାର ଅଂଶ ନୁହଁନ୍ତି, ବରଂ ତାର ପ୍ରତିକୂଳପନ୍ଥୀ। ସେଗୁଡ଼ିକର ରଚୟିତାମାନଙ୍କର କିଛି କିଛି କଳ୍ପନାଶକ୍ତି ଏବଂ ଭାଷାବିନ୍ୟାସରେ ପଟୁତା ଥିଲା, କିନ୍ତୁ ଯେଉଁ ଯନ୍ତ୍ରଣାବୋଧ ଆମକୁ ଏପରି ଏକ ଜାଗାକୁ ନେଇଯାଏ ଯେଉଁଠାରେ ଭୂତ, ଭବିଷ୍ୟତ ଓ ବର୍ତ୍ତମାନ ଏକାକାର ଏବଂ ଯେଉଁଠାରେ ମନୁଷ୍ୟର ଭାଗ୍ୟ ହିଁ ଏକମାତ୍ର ପ୍ରସଙ୍ଗ ତାହା ଏ କଳ୍ପନାଶକ୍ତିକୁ ବ୍ୟାପ୍ତ ଓ ମାର୍ଜିତ କରିନାହିଁ। ଏ ଯନ୍ତ୍ରଣାବୋଧ କୌଣସି ବ୍ୟକ୍ତିଗତ ଦୁର୍ବିପାକରୁ ବା ଲେଖକର ନିଜସ୍ୱ ସତ୍ତା ସହିତ ମିଶି ଯାଇଥିବା ଅନ୍ୟ ଏକ ବ୍ୟକ୍ତିର ଦୁର୍ଦ୍ଦଶାରୁ ଉପୁଜିପାରେ। ବ୍ୟକ୍ତିଗତ ଅସ୍ୱସ୍ତିର ହେତୁ ରୂପେ ଏ ଯନ୍ତ୍ରଣା ଗୁରୁତ୍ୱପୂର୍ଣ୍ଣ ନୁହେଁ, ଆମର ଭାଗ୍ୟ ସମ୍ବନ୍ଧରେ ଆମର ଧାରଣାଗୁଡ଼ିକର ପୁନର୍ବିଚାରର ହେତୁ ରୂପେ ଏ ଯନ୍ତ୍ରଣା ଗୁରୁତ୍ୱପୂର୍ଣ୍ଣ। ଯେଉଁ ମୁହୂର୍ତ୍ତରେ ସାହିତ୍ୟିକ କୌଣସି ଯନ୍ତ୍ରଣାବୋଧ ଦ୍ୱାରା ଆକ୍ରାନ୍ତ ହୁଏ ନାହିଁ, ସେହି ମୁହୂର୍ତ୍ତରୁ ହିଁ ମନୁଷ୍ୟର ଭାଗ୍ୟ ସହିତ, ମନୁଷ୍ୟର ସଭ୍ୟତା ସହିତ ତାର ସମ୍ପର୍କ କଟିଯାଏ।

ସାହିତ୍ୟରେ ଏ ଯନ୍ତ୍ରଣାବୋଧ ଯେଉଁ ଭାଷା ମାଧ୍ୟମରେ ପ୍ରକାଶିତ ହୁଏ ତାହା ବ୍ୟଞ୍ଜନାତ୍ମକ, ବର୍ଣ୍ଣନାତ୍ମକ ନୁହେଁ। ଯନ୍ତ୍ରଣାନୁଭୂତି ଚେତନାକୁ ଏପରି ଗୋଟିଏ ସ୍ତରକୁ ନେଇଯାଏ ଯେଉଁଠାରେ ଭାଷାର ଭୂମିକା ଅତି ଗୌଣ ଏବଂ ଯେଉଁଠାରେ ଆମର ପରିଚିତ ଭାଷା ବାସ୍ତବତାର ସଂଜ୍ଞା ଜ୍ଞାପନ କରିବାକୁ ଅସମର୍ଥ। ଖୁବ୍ ବେଶିରେ ଭାଷା ଚେତନାର ଏ ରାଜ୍ୟ ବିଷୟରେ କିଛି ଇଙ୍ଗିତ ଦେଇପାରେ କିନ୍ତୁ ସେ ବାସ୍ତବତାର ଅନୁଭୂତି ପ୍ରତ୍ୟକ୍ଷ ହେବା ଆବଶ୍ୟକ। ସାହିତ୍ୟର ସାଫଲ୍ୟ ଇଙ୍ଗିତ ଦେବାର ସାଫଲ୍ୟ ଦ୍ୱାରା ନିରୂପିତ ହୁଏ, ବର୍ଣ୍ଣନାର ସମ୍ପୂର୍ଣ୍ଣତା, ଦ୍ୱାରା ନୁହେଁ।* ଅନେକ ସମୟରେ ସାହିତ୍ୟ କେବଳ ଏ ଅନୁଭୂତି କ'ଣ ନୁହେଁ ତାହା ବର୍ଣ୍ଣନା କରିଥାଏ ଏବଂ ଏ ଅନୁଭୂତି କଣ ତାହା ବୁଝିବାକୁ ମନକୁ ଏକୁଟିଆ ଛାଡ଼ିଦିଏ।*

---

*ପ୍ରତ୍ୟେକ ଉଚ୍ଚାଙ୍ଗ ସାହିତ୍ୟରେ ଭାଷା ବିଷ୍ଣୁ ପୁରାଣରେ ରାଜା ସୌବୀର ଓ ତାଙ୍କର ପାଲିଙ୍କି ବୋହୁଥିବା ଭରତ ଋଷିଙ୍କ କଥୋପକଥନରେ ଭାଷାର ଗୌଣତା ଓ ତାର ସୀମିତ ପରିସର ଉପରେ ଏକ ଟିପ୍‌ପଣୀ ଅଛି। ଭରତଙ୍କୁ ଜଣେ ଅସାଧାରଣ ମହାତ୍ମା ବୋଲି ଜାଣିପାରି ରାଜା ପାଲିଙ୍କିରୁ ଓହ୍ଲାଇପଡ଼ି ତାଙ୍କୁ ସାଷ୍ଟାଙ୍ଗ ପ୍ରଣିପାତପୂର୍ବକ ପଚାରିଲେ, "ମହାଭାଗ, ମତେ ଅନୁଗ୍ରହ କରନ୍ତୁ, ଆଉ ପାଲିଙ୍କି ବୁହନ୍ତୁ ନାହିଁ, ଏବଂ ଆପଣଙ୍କର ପ୍ରକୃତ ପରିଚୟ ପ୍ରଦାନ କରନ୍ତୁ।" ଭରତ ବ୍ୟକ୍ତିସତ୍ତାର ସ୍ୱରୂପ ବୁଝାଇବାକୁ ଯାଇ କହିଲେ "ଓଠ ଦାନ୍ତ ଓ ମୂର୍ଦ୍ଧନା ସାହାଯ୍ୟରେ ଜିଭ 'ମୁଁ' ଉଚ୍ଚାରଣ କରେ। ଏହାହିଁ 'ମୁଁ' ଶବ୍ଦର ଉତ୍ପତ୍ତି, କିନ୍ତୁ ଏହି ଉଚ୍ଚାରିତ ଶବ୍ଦଟି 'ମୁଁ' ନୁହେଁ।"

*ଭୀମଭୋଇଙ୍କ କବିତାରୁ ଦୁଇଟି ଉଦାହରଣ ଦିଆଗଲା-

(୧) ଅମଡ଼ା ଅପୋଡ଼ା ଭୂଇଁ, ଚନ୍ଦ୍ର ସୂର୍ଯ୍ୟ ଗମ୍ୟ ନାହିଁ,
ଲୋଡ଼ ସେ ସ୍ଥାନକୁ ଗୋ, ସୁମର ଗୁରୁଙ୍କୁ।

(୨) ନୁହନ୍ତି କଳାଧବଳା, ରଙ୍ଗ କୁଙ୍କୁମ ପିଙ୍ଗଳା,
ନାହିଁ ଦିବା ରାତି ଗୋ ନ ଭେଦେ ପ୍ରକୃତି,
ଯାର ଥିବ ଜ୍ଞାନ ଆକ୍ଷି ସେ ଅବା ପାରିବ ଦେଖି
ରୂପ ଜାଜ୍ୱଲ୍ୟମୟ ତା ଜ୍ୟୋତି ଗୋ।

କେବଳ ବ୍ୟଞ୍ଜନା ପାଇଁ ବ୍ୟବହୃତ ହୁଏ; ଚେତନାକୁ ଏକ ଅନିର୍ବଚନୀୟ ଅଭିଜ୍ଞତାର କଳ୍ପନାରେ ଉଦ୍‌ବୁଦ୍ଧ କରିବା ତାର କାମ, ସେ ଅଭିଜ୍ଞତାର ବିଶଦ ବର୍ଣ୍ଣନା ତାର କାମ ନୁହେଁ।

ଯେତେବେଳେ ଲେଖକମାନେ ସ୍ୱୀକୃତି ସନ୍ଧାନରେ ଜନମତକୁ ନିୟନ୍ତ୍ରଣ କରିବାକୁ ଚେଷ୍ଟିତ ଲୋକମାନଙ୍କର ଅନୁଗତ ହୋଇ ପଡ଼ନ୍ତି, ସେତେବେଳେ ସେମାନେ ବସ୍ତୁତଃ ଭାଷାକୁ ଏପରି ଭାବେ ବ୍ୟବହାର କରିବାକୁ ଅଙ୍ଗୀକାର କରନ୍ତି ଯେ ତାହା ସାହିତ୍ୟର ମହତ୍ୱପୂର୍ଣ୍ଣ ପରମ୍ପରାରେ ଭାଷା ଯେପରି ବ୍ୟବହୃତ ହୋଇ ଆସିଛି ସେପରି ନହୋଇ କେତୋଟି ନିର୍ଦ୍ଦିଷ୍ଟ ଉଦ୍ଦେଶ୍ୟରେ ଅଗ୍ରସର ଓ ପ୍ରତିଷ୍ଠାପାଇଁ ବ୍ୟବହୃତ ହେବ। ଭାଷାର ଏହି ଦ୍ୱିବିଧ ବ୍ୟବହାର ମଧ୍ୟରେ ପ୍ରାର୍ଥକ୍ୟ ସାଧାରଣତଃ ପରିଲକ୍ଷିତ ହୁଏ ନାହିଁ, ଏପରିକି ଲେଖକମାନେ ମଧ୍ୟ ଏ ତାରତମ୍ୟ ବିଷୟରେ ଅବଗତ ହୁଅନ୍ତି ନାହିଁ। ଅନେକ ବର୍ଷପରେ କ୍ରମାଗତ ଅପପ୍ରୟୋଗଜନିତ ଭାଷାର ଆତ୍ମିକ ଅଧଃପତନ ସମ୍ବନ୍ଧରେ ହୁଏତ ଆମେ ସଚେତନ ହେବୁଁ; ତାହା ମଧ୍ୟ ସନ୍ଦେହଜନକ, କାରଣ ଭାଷାର ଉଚ୍ଚତର ପ୍ରୟୋଗ ସହିତ ଆମେ ଅନେକଦିନୁଁ ଅନଭ୍ୟସ୍ତ ହୋଇପଡ଼ିଥିବା। ଉଦାହରଣ ସ୍ୱରୂପ, ଓଡ଼ିଶାରେ ପ୍ରାୟ ଗୋଟିଏ ପୁରୁଷଧରି ଓଡ଼ିଆ ସାହିତ୍ୟର ପରମ୍ପରା ସହିତ, ଏପରିକି ରାଧାନାଥ, ମଧୁସୂଦନ ଓ ଫକୀରମୋହନଙ୍କ ପରି ଆଧୁନିକ ଓଡ଼ିଆ ସାହିତ୍ୟର ପ୍ରତିଷ୍ଠାତାମାନଙ୍କ କୃତି ସହିତ ପରିଚିତି ଅତ୍ୟନ୍ତ ନଗଣ୍ୟ ହୋଇପଡ଼ିଲାଣି। ଏହା ଫଳରେ ଓଡ଼ିଆ ଭାଷା ପ୍ରୟୋଗର ପରମ୍ପରା ସମ୍ବନ୍ଧରେ ଅନଭିଜ୍ଞତା ବ୍ୟାପକ ହୋଇପଡ଼ିଲାଣି ଏବଂ ଯେଉଁ ପ୍ରୟୋଗ ସହିତ ଲୋକେ ଅଭ୍ୟସ୍ତ ହେଉଛନ୍ତି ତାହା ହେଉଛି ଏପରି ପ୍ରୟୋଗ ଯାହା କୌଣସି କୋମଳ, ଉଚ୍ଚତର ଚେତନା ଉଦ୍ରେକ ନ କରି ଉତ୍ତେଜନା, ଯୌଥ ଆଚରଣ ଏବଂ ଯାହା କୁହାଯାଉଛି ତାକୁ ତର୍ଜମା ନ କରି ବିଶ୍ୱାସ କରିବାର ଅଭ୍ୟାସକୁ ବଳବତ୍ତର କରେ। ପୃଥିବୀର ସବୁ

ଭାଷାରେ ଏହା ହିଁ ଘଟୁଛି ଏବଂ ଭାଷାର ନିର୍ମଳ ପ୍ରୟୋଗର ପରମ୍ପରା ରକ୍ଷାକରିବା ପାଇଁ ଉଦାସୀନତା ଆଜି ପୃଥିବୀବ୍ୟାପୀ।

ଭାଷାର ସାମର୍ଥ୍ୟ ଓ ଧ୍ୱନିକୁ ଉତ୍ତେଜନା, ଅମାନୁଷିକତା ଓ ଅସଭ୍ୟତା ଲାଗି ପ୍ରୟୋଗ କରିବା ଯେ କେବଳ ସାମୟିକ ଭାବେ କ୍ଷତିକାରକ ବା ସେପରି ପ୍ରୟୋଗ କରୁଥିବା ଲେଖକମାନଙ୍କ ପକ୍ଷରେ ଏକ କଳଙ୍କ ତା ନୁହେଁ, ସେହି ଭାଷା ସହିତ ସଂଶ୍ଳିଷ୍ଟ ସଂସ୍କୃତି ପକ୍ଷରେ ଦୀର୍ଘକାଳ ପାଇଁ ମାରାତ୍ମକ, ଏକ ଭୟାବହ ଅଧୋଗତିର କାରଣ। ନିକଟ ଅତୀତର ଇତିହାସରୁ ଏବଂ ସମସାମୟିକ ଅଭିଜ୍ଞତାରୁ ଏହା ପ୍ରମାଣ କରିବା ପାଇଁ ବହୁତ ତଥ୍ୟ ମିଳିବ, କିନ୍ତୁ ତା ନ କରି ଗୋଟିଏ ଆଦିମ ସମାଜର ପୁରୁଣା କାହାଣୀଟିଏ ଉଲ୍ଲେଖ କଲେ ଚଳିବ। କାହାଣୀଟି ଉତ୍ତର ଆମେରିକାର ଗୋଟିଏ ଆଦିମ ଜାତିର।

ବୁଢ଼ାଟିଏ ଥିଲା। ଦିନେ ଯାଉଁ ଯାଉଁ ସେ ଗୁଡ଼ିଏ ଅଦ୍ଭୁତ ଗୀତ ଶୁଣିବାକୁ ପାଇଲା। ଗୀତ କେଉଁଠୁ ଆସୁଛି ସେ ପ୍ରଥମେ ଜାଣି ପାରିଲା ନାହିଁ। ବହୁତ ଖୋଜିବା ପରେ ଦେଖିଲା ଯେ ଗୁଡ଼ାଏ ଠେକୁଆ ଏକାଠି ହୋଇ ଗୀତ ଗାଉଛନ୍ତି। ସେମାନେ ଗୋଟିଏ ଜାଗାରେ ନିଆଁ ଜାଳୁଥିଲେ ଓ ତାତିଲା ପାଉଁଶ ଉପରେ ଶୋଇ ଗୀତ ଗାଉଥିଲେ। ଗୋଟିଏ ଠେକୁଆ ସମସ୍ତଙ୍କ ଉପରେ ପାଉଁଶ ଘୋଡ଼ାଇ ଦେଉଥିଲା। କିଛି ସମୟ ପରେ ସେମାନେ ଝାଡ଼ିଝୁଡ଼ି ହୋଇ ପାଉଁଶଗଦା ଭିତରୁ ବାହାରୁଥିଲେ। ଏ ଖେଳରେ ସେମାନେ ଖୁବ୍ ମଜ୍ଜି ଯାଇଥିଲେ।

ବୁଢ଼ାଟି ଠେକୁଆମାନଙ୍କୁ କହିଲା, "ତମର ଏ ଖେଳ ମତେ ଖୁବ୍ ଆଚମ୍ବିତ ଲାଗୁଛି। ମତେ ଟିକିଏ ଶିଖାଇ ଦିଅନ୍ତ ନି?"

ଠେକୁଆମାନେ କହିଲେ, "ତଥାସ୍ତୁ, କିନ୍ତୁ ଆମେ ଯେଉଁ ଗୀତ ଗାଉଛୁ ତମେ ତାହା ଗାଇବ। ତା ଛଡ଼ା, ପାଉଁଶ ଭିତରେ ବେଶି ସମୟ ରହିବ ନାହିଁ।"

ବୁଢ଼ାଟି ତାଙ୍କ ଗୀତ ଶିଖିଗଲା। ସେ ପାଉଁଶ ଉପରେ ଶୋଇଲା। ଠେକୁଆମାନେ ତା ଉପରେ ପାଉଁଶ ଓ ରଡ଼ନିଆଁ କୁଢ଼ାଇ ଦେଲେ, କିନ୍ତୁ ତାକୁ କିଛି ଲାଗିଲାନି।

ବୁଢ଼ାଟି କହିଲା, "ବାଃ, ତମେ ସବୁ ସତରେ ଖୁବ୍ ବଢ଼ିଆ ଓଷଦ ଜାଣିଛ। ମୁଁ ଶିଖିଲି କି ନାହିଁ ଟିକିଏ ପରୀକ୍ଷା କରି ଦେଖେଁ। ଆଚ୍ଛା, ତମେ ସବୁ ଏଥର ପାଉଁଶ ଉପରେ ଶୁଅ, ଆଉ ମୁଁ ତମ ଉପରେ ପାଉଁଶ ଓ ରଡ଼ନିଆଁ ଲଦି ଦେଉଛି।

ଠେକୁଆମାନେ ପାଉଁଶ ଉପରେ ଶୋଇ ରହିଲେ। ବୁଢ଼ା ତାଙ୍କ ଉପରେ ଜଳନ୍ତା ନିଆଁ ଲଦି ଦେଲା। ସମସ୍ତେ ସିଝି କରି ମରିଗଲେ। ଗୋଟିଏ ବୁଢ଼ା ଠେକୁଆ ଖସି ପଳାଇଲା ବେଳେ ବୁଢ଼ା ତାକୁ ଧରି ପକାଇଲା। ତାକୁ ବି ବୁଢ଼ା ନିଆଁରେ

ପକାଇ ଦେଇଥାନ୍ତା, କିନ୍ତୁ ଠେକୁଆଟି ବହୁତ ନେହୁରା ହୋଇ କହିଲା ଯେ ତା ଭାର୍ଯ୍ୟାର ଛୁଆ ହେବାର ଅଛି। ବୁଢ଼ା ତାକୁ ଛାଡ଼ି ଦେଇ କହିଲା, "ହଉ ଯା, ସବୁ ଠେକୁଆ ମରିଗଲେ ଚଳିବ ନାହିଁ।" ତାପରେ ସେ ଅନ୍ୟ ଠେକୁଆମାନଙ୍କୁ ନିଆଁରୁ କାଢ଼ି ମହା ଆନନ୍ଦରେ ଖାଇଲା।

ଏଥିରୁ ଏହି ଶିକ୍ଷା ମିଳୁଛି ଯେ ଠେକୁଆମାନେ ବୁଢ଼ାକୁ ତାଙ୍କ ଗୀତ ନ ଶିଖାଇଥିଲେ ଅକାଳମୃତ୍ୟୁରୁ ରକ୍ଷା ପାଇଥାନ୍ତେ।

୨

ସାହିତ୍ୟ-ସୃଷ୍ଟି ସହିତ ଆତ୍ମପ୍ରଚାର ଖାପ୍ ଖାଉନଥିବା ସ୍ଥଳେ କେତେକ ଲେଖକ ଆତ୍ମପ୍ରଚାର ପାଇଁ ବ୍ୟାକୁଳ ହୁଅନ୍ତି କାହିଁକି? ଲେଖକ ଓ ପାଠକମାନେ ପରସ୍ପରର ନିକଟବର୍ତ୍ତୀ ନହେଲେ ଆଧୁନିକ ସାହିତ୍ୟର ଉପଲବ୍ଧି କଷ୍ଟକର ହେବ ବୋଲି ଯୁକ୍ତି କରାଯାଇପାରେ। ଟିକିଏ ପରେ ପୁରାତନ ସାହିତ୍ୟର ଗୋଟିଏ ନମୁନା ଅନୁଶୀଳନ କରି ଆମେ ଦେଖିବା ଯେ ଗୁଣାତ୍ମକ ଦୃଷ୍ଟିରୁ ତାହା ଆଧୁନିକ। ଯଦି ଆଧୁନିକ ଯୁଗର ସର୍ବୋତ୍ତମ ରଚନାମାନଙ୍କଠାରୁ ଆଗଦିନର ସଫଳ ରଚନାର ଆବେଗ ପୃଥକ୍ ନୁହେଁ ଏବଂ ଯଦି ରଚନାକାଳ ଭିତ୍ତିରେ ସାହିତ୍ୟର ଶ୍ରେଣୀବିଭାଗ ଅଯୌକ୍ତିକ, ତେବେ ଆଧୁନିକ ସାହିତ୍ୟ ଲେଖକ-ପାଠକ ସମ୍ପର୍କରେ ଏକ ମୌଳିକ ପରିବର୍ତ୍ତନ ଦରକାର କରେ ବୋଲି କହିବା ଯୁକ୍ତିସିଦ୍ଧ ନୁହେଁ।

ନିଜଦ୍ୱାରା ଘୋଷିତ ଓ ନିଜ ରଚନାରେ ସନ୍ନିବିଷ୍ଟ ଆଦର୍ଶ ପ୍ରତି ଅନୁରକ୍ତିର ଅଭାବ ହିଁ ପ୍ରକୃତ କାରଣ। ଆଗାମୀ ଦିନର ସାହିତ୍ୟ, ବୈପ୍ଳବିକ ଚେତନାଦୀପ୍ତ ସାହିତ୍ୟ, ଅତୀତର ଶୃଙ୍ଖଳ ଭାଙ୍ଗି ନୂତନ ଦିଗନ୍ତ ଉନ୍ମୋଚନ କରୁଥିବା ସାହିତ୍ୟ ବିଷୟରେ ସବୁ କଥାବାର୍ତ୍ତା ସବୁ ଆଲୋଚନା ବାଜେ କଥା। ସାହିତ୍ୟିକ ନିଜ କଳ୍ପନାର ଅନାବିଳତା ରକ୍ଷା କରି ପାରି ନାହିଁ ଓ ସେ କଳ୍ପନା ସହିତ ତାର ସମ୍ପର୍କ ଉଦ୍ଦେଶ୍ୟପ୍ରଣୋଦିତ। ଯାହାକୁ ସତ୍ୟ ବୋଲି ପ୍ରତିପାଦିତ କରେ, ସେଥିରେ ସେ ଅଂଶଗ୍ରହଣ କରେ ନାହିଁ। ଅଂଶଗ୍ରହଣର ପରିମାଣ ଯେତେ କମ୍, ଅଂଶଗ୍ରହଣ ସମ୍ବନ୍ଧରେ ଲୋକଙ୍କୁ ଧାରଣା ଦେବାର ପ୍ରଚେଷ୍ଟା ସେତେ ବେଶି। କେତେବେଳେ ସେ ପ୍ରଚେଷ୍ଟା କଳା ଓ ସାହିତ୍ୟ ବିଷୟରେ ବୈପ୍ଳବିକ ମତ ପ୍ରକାଶରେ ଦେଖାଦିଏ ତ କେତେବେଳେ ଏକ ଅପରିଚ୍ଛନ୍ନ ଚେହେରାକୁ ଯତ୍ନ ସହକାରେ ବଜାୟ ରଖିବା ପରି ଅଜବ କାର୍ଯ୍ୟକଳାପରେ ଦେଖାଦିଏ।

ଉଚ୍ଚକୋଟୀର କୌଣସି କଳା ପାଗଳାମୀ-ପ୍ରସୂତ ହୋଇପାରେ ବା କୌଣସି

ପ୍ରକାରର ମସ୍ତିଷ୍କ ବିକୃତି କଳାସୃଷ୍ଟିର ସହାୟକ ହୋଇପାରେ ବୋଲି ମୁଁ ବିଶ୍ୱାସ କରେ ନାହିଁ। ପାଗଳ ହୋଇଥିବା ଅବସ୍ଥାରେ କୌଣସି କଳାକାର ଉଲ୍ଲେଖଯୋଗ୍ୟ ସର୍ଜନା କରିଥିବାର ଦୃଷ୍ଟାନ୍ତ ନାହିଁ। କଳାକାରର ବୁଦ୍ଧିବୃତ୍ତି ତା ନିଜ ଅକ୍ତିଆରରେ ରହିବା ଉଚିତ୍ ଏବଂ ସେ ତାର ସମସ୍ତ ମାନସିକ ଶକ୍ତି କଳାର ସାଧନପାଇଁ ନିୟୋଜିତ କରିବାକୁ ସମର୍ଥ ହେବା ଉଚିତ୍; କିନ୍ତୁ ଏ ବୁଦ୍ଧି ସାଂସାରିକ ସାଫଲ୍ୟ ହାସଲ କରିଥିବା ଲୋକଙ୍କ ବୁଦ୍ଧିଠାରୁ ଅଲଗା। କଳାକାର ଏକଥା କହିବା ଅନୁଚିତ ଯେ ତାର କୌଣସି ବୁଦ୍ଧିବୃତ୍ତି ନାହିଁ ଏବଂ ପାଗଳାମିର ପ୍ରାୟ ନିକଟବର୍ତ୍ତୀ ଏକ ଶକ୍ତିଶାଳୀ ଆବେଗଦ୍ୱାରା ହିଁ ତାର ସୃଷ୍ଟି ନିୟନ୍ତ୍ରିତ। ତାର ବୁଦ୍ଧି ବେଶ୍ ଶାଣିତ, କିନ୍ତୁ ତାହା ବ୍ୟକ୍ତିଗତ ସ୍ୱାର୍ଥସାଧନ ପାଇଁ ବ୍ୟବହୃତ ନ ହୋଇ ଏକ ସୂକ୍ଷ୍ମ ସତ୍ୟର କଳ୍ପନା ପାଇଁ ବ୍ୟବହୃତ ହୁଏ। ସେ ସତ୍ୟ ଦୃଶ୍ୟ ନ ହେଲେ ମଧ୍ୟ ସଚରାଚରରେ ବିଦ୍ୟମାନ ଏବଂ ତଦ୍ଦ୍ୱାରା ମନୁଷ୍ୟର ଜୀବନଧାରା ନିୟନ୍ତ୍ରିତ। ବୁଦ୍ଧି ନ ଥିଲେ ଏପରି ଏକ ସତ୍ୟର କଳ୍ପନା ଅସମ୍ଭବ ଏବଂ ସେ ସତ୍ୟର ବର୍ଣ୍ଣନା ପାଇଁ ଭାଷା ପ୍ରୟୋଗ କରିବା ଅସମ୍ଭବ। ଏକଥା ସତ ଯେ ଅନେକ କଳାକାର ସାଂସାରିକ ସାଫଲ୍ୟ ଅର୍ଜ୍ଜନ କରି ପାରି ନାହାନ୍ତି, କିନ୍ତୁ ବୁଦ୍ଧିର ଅଭାବ ତାର କାରଣ ନୁହେଁ, ଅନ୍ୟ କାମ ପାଇଁ ବୁଦ୍ଧିର ବିନିଯୋଗ ତାର କାରଣ।

ଯେତେବେଳେ କଳାକାର ସାଂସାରିକ ସାଫଲ୍ୟ ହାସଲ କରିଥିବା ଲୋକଙ୍କ ବୁଦ୍ଧି ପରି ନିଜ ବୁଦ୍ଧିକୁ ବ୍ୟବହାର କରେ (ସେମାନେ ହାସଲ କରିଥିବା ସାଫଲ୍ୟ ଯଦି ତାର ଲକ୍ଷ୍ୟ ହୁଏ, ତେବେ ଏପରି ବ୍ୟବହାର ଅବଶ୍ୟମ୍ଭାବୀ), ସେତେବେଳେ ସେ ବୁଦ୍ଧିର କଳାକାରୋଚିତ ବ୍ୟବହାର ପରିହାର କରିବାକୁ ଅଙ୍ଗୀକାର କରେ ଏବଂ ତାକୁ ଓ ତାର ମାନସଚକ୍ଷୁରେ ଦୃଷ୍ଟ ଜୀବନକୁ ସଂଲଗ୍ନ କରୁଥିବା ସେତୁକୁ ଭାଙ୍ଗିଦିଏ। କୌଣସି ତାତ୍ତ୍ୱିକ ବୟାନ, ଆଧୁନିକ ସାହିତ୍ୟର ବୈଶିଷ୍ଟ୍ୟ ସମ୍ବନ୍ଧରେ କୌଣସି ତର୍ଜ୍ଜମା ସେ ଭଙ୍ଗାରୁଜାକୁ ଲୁଚାଇ ପାରିବ ନାହିଁ କି ତାହା ଯଥାର୍ଥ ବୋଲି ପ୍ରମାଣ କରିପାରିବ ନାହିଁ।

୩

'ମଥୁରା ମଙ୍ଗଳ' ର କବି ଭକ୍ତଚରଣ ଦାସଙ୍କ ବିଷୟରେ ଆମେ ଖୁବ୍ କମ୍ ଜାଣୁଁ। ସେ କେବେ ଜନ୍ମ ହୋଇଥିଲେ, କେବେ ତାଙ୍କର ଦେହାନ୍ତ ହେଲା ଏତିକି ମଧ୍ୟ ନିର୍ଦ୍ଦିଷ୍ଟ ଭାବେ ଜଣାନାହିଁ, ତାଙ୍କର କାବ୍ୟାଦର୍ଶ ତ ଦୂରର କଥା। ନାନାଦି ଅନୁସନ୍ଧାନ ପରେ କାବ୍ୟଟିର ରଚନାକାଳ ଅଷ୍ଟାଦଶ ଶତାବ୍ଦୀର ଉତ୍ତରାର୍ଦ୍ଧ ବୋଲି ଜଣାପଡ଼ିଛି, କିନ୍ତୁ ଓଡ଼ିଆ ସାହିତ୍ୟାକାଶରେ ଏକ ଉଜ୍ଜ୍ୱଳ ଜ୍ୟୋତିଷ୍କ ହୋଇ ରହିବାର ତାଙ୍କ ତରଫରୁ କୌଣସି ପ୍ରମାଣ ନାହିଁ। ସାଧାରଣତଃ କାବ୍ୟଟି ଓଡ଼ିଆ

ଭକ୍ତିସାହିତ୍ୟର ଏକ ମହତ୍ତ୍ୱପୂର୍ଣ୍ଣ କୃତି ଭାବେ ଏବଂ ଓଡ଼ିଶୀ ବୈଷ୍ଣବ ଧର୍ମର ଏକ ପ୍ରାମାଣିକ ଗ୍ରନ୍ଥ ଭାବେ ଗୃହୀତ ହୋଇ ଆସିଛି ଯଦିଓ ଯଶୋଦା ଓ ଗୋପୀମାନେ ଏକ ଭାବପ୍ରବଣ ଅନୁଭୂତିର କୌଣସି ତାତ୍ତ୍ୱିକ ବ୍ୟାଖ୍ୟାକୁ ସ୍ପଷ୍ଟ ଭାବେ ପ୍ରତ୍ୟାଖ୍ୟାନ କରିଛନ୍ତି (ପଞ୍ଚଦଶ ଓ ସପ୍ତବିଂଶ ଛାନ୍ଦ ଦ୍ରଷ୍ଟବ୍ୟ)। ଆଜିକାଲି ଯେଉଁ ବିଚ୍ଛିନ୍ନତା ଓ ନିଃସଙ୍ଗତା କଥା କୁହାଯାଉଛି, 'ମଥୁରା ମଙ୍ଗଳ' ତାର ଏକ କାବ୍ୟିକ ଅନୁଶୀଳନ ଏବଂ ସେ ଦୃଷ୍ଟିରୁ ସଚେତନ ବିଚ୍ଛିନ୍ନତା-ବୋଧ ଦ୍ୱାରା ଅନୁପ୍ରାଣିତ ଅନେକ ଆଧୁନିକ ସାହିତ୍ୟ-କୃତି ଅପେକ୍ଷା ତାହା ସଫଳତର। ଗୋଟିଏ ଦିଗରେ ବିଚ୍ଛିନ୍ନତା ଓ ଏକ ଆତ୍ମସର୍ବସ୍ୱ ବ୍ରହ୍ମାଣ୍ଡରେ ବ୍ୟକ୍ତିର ବିକାଶର ସମସ୍ତ ସମ୍ଭାବନାର ନିଶ୍ଚିତ ବିନାଶ, ଅନ୍ୟ ଦିଗରେ ଏପରି ବ୍ରହ୍ମାଣ୍ଡର ପରିଧି ଅତିକ୍ରମ କରି ପୃଥକ୍ ବ୍ୟକ୍ତିତ୍ୱ ସହିତ ଘନିଷ୍ଠ ଭାବେ ସଂଯୁକ୍ତ ହେବାଦ୍ୱାରା ବ୍ୟକ୍ତିତ୍ୱର ସାର୍ଥକତା, ଏ ଦୁଇଟି ଦିଗର ଦ୍ୱନ୍ଦ୍ୱ ମୂଲ୍ୟାୟନ ସମ୍ଭବତଃ 'ମଥୁରା ମଙ୍ଗଳ'ର ପ୍ରକୃତ କାବ୍ୟ-ପ୍ରେରଣା। କାବ୍ୟରେ ବର୍ଣ୍ଣିତ ସମସ୍ତ ଘଟଣା ଜଣେ ପାରଙ୍ଗମ ଓ ବିଚକ୍ଷଣ ବ୍ୟକ୍ତି (କୃଷ୍ଣ)ଙ୍କର ଲୀଳା ବୋଲି ଗ୍ରହଣ ନ କରି ଉପରୋକ୍ତ ଦ୍ୱିବିଧ ମୂଲ୍ୟବୋଧର ପ୍ରତୀକ ବୋଲି ଗ୍ରହଣ କଲେ 'ମଥୁରା ମଙ୍ଗଳ' ର ଅନ୍ତର୍ନିହିତ ଚେତନାର ଗୁଣ ସ୍ପଷ୍ଟ ହୋଇ ପଡ଼ିବ। ଏ ଚେତନା ସାମୟିକ ରୁଚି ବା ଚିନ୍ତାଧାରା ଦ୍ୱାରା ନିର୍ଦ୍ଦିଷ୍ଟ ନୁହେଁ, ଦୁଇଟି ସବୁକାଳେ ବିପରୀତଧର୍ମୀ ମନୋବୃତ୍ତି ମଧ୍ୟରେ ଉଚ୍ଚତର ଅଧିକତର ମାନବିକ ମନୋବୃତ୍ତିର ନିଃସଙ୍କୋଚ ପକ୍ଷ ସମର୍ଥନ। ଏପରି ସାହିତ୍ୟକୁ ରଚନାକାଳର ମାନଦଣ୍ଡରେ ବିଚାର କରାଯାଏ ନାହିଁ, ବିଚାର କରାଯାଏ ତାର ଅବେଦନର ଚିରନ୍ତନତା ଦ୍ୱାରା, ଯେପରି ଆଧୁନିକ ସାହିତ୍ୟର ମହାରଥୀମାନଙ୍କ କୃତି ବିଚାର୍ଯ୍ୟ ହେବା ଉଚିତ-ଆଜି, ଶହେ ବର୍ଷ ପରେ, ହଜାରେ ବର୍ଷ ପରେ।

କଂସ ଓ ତାର ସମର୍ଥକ ଅସୁରମାନେ (ଏଠାରେ ଉଲ୍ଲେଖଯୋଗ୍ୟ ଯେ, କଂସ ଓ ତାର ମନୋବୃତ୍ତିକୁ ସମର୍ଥନ କରୁଥିବା ଲୋକମାନେ ହିଁ ଅସୁର ଏବଂ ତାର ଅନ୍ୟାନ୍ୟ ପ୍ରଜାମାନେ -ଏପରିକି ତାର ପିତା, ଭଉଣୀ, ଭିଣୋଇ ଓ ମନ୍ତ୍ରୀ-ମନୁଷ୍ୟ) ବିଚ୍ଛିନ୍ନତାର, ସଂକୀର୍ଣ୍ଣ ନିଜସ୍ୱତାର ଓ ତଜ୍ଜନିତ ନିଃସଙ୍ଗତାର ମୂର୍ତ୍ତି। ସେମାନେ ନିଜକୁ ଅନ୍ୟମାନଙ୍କଠାରୁ ଅଲଗା କରି ଦେଖନ୍ତି, ଅନ୍ୟ ସହିତ କୌଣସି ପ୍ରଗାଢ଼ ସମ୍ପର୍କ ଦ୍ୱାରା ସେମାନଙ୍କ ଜୀବନ ସମୃଦ୍ଧ ନୁହେଁ, ନିଜତ୍ୱର ଅନୁଭୂତି ହିଁ ସେମାନଙ୍କର ପ୍ରଧାନ ଅନୁଭୂତି। ସେମାନଙ୍କର ଅନ୍ୟାନ୍ୟ ସବୁ ସମ୍ପର୍କ ଏ ଅନୁଭୂତିକୁ ବଳବତ୍ତର କରିବା ପାଇଁ ଉଦ୍ଦିଷ୍ଟ ଏବଂ ନିଜର ପ୍ରଚଣ୍ଡ ଆତ୍ମାନୁଭୂତିର ପରିପୂରକ ନ ହେଲେ ଆଉ କାହାରି ସତ୍ତାର କୌଣସି ବାସ୍ତବତା ନାହିଁ। ଏପରି ଅହଂସର୍ବସ୍ୱ, ସମ୍ପର୍କଶୂନ୍ୟ ବିଚ୍ଛିନ୍ନତା ହିଁ

କଂସର ଜୀବନ ଏବଂ ସେ ଜୀବନର ନିଃସଙ୍ଗତା, ଭୟାବହତା, ଧ୍ୱଂସାତ୍ମକତା ଭକ୍ତଚରଣ ଉହ୍ୟ ରଖି ନାହାନ୍ତି।

କାବ୍ୟଟିରେ କଂସ ସର୍ବମୋଟ ପାଞ୍ଚଥର ଅବତୀର୍ଣ୍ଣ ହୋଇଛି- ପ୍ରଥମ, ଦ୍ୱାଦଶ, ଅଷ୍ଟାଦଶ, ଊନବିଂଶ ଓ ଦ୍ୱାବିଂଶ ଛାନ୍ଦରେ। ପ୍ରଥମ ଛାନ୍ଦରେହିଁ ଏକଥା ସ୍ପଷ୍ଟ ଯେ ତାର ବ୍ୟକ୍ତିତ୍ୱର ଆଉ କୌଣସି ଫଳପ୍ରଦ ସମ୍ଭାବନା ନାହିଁ, ତାର ବିଚ୍ଛିନ୍ନତା ସମ୍ପୂର୍ଣ୍ଣ, ଏବଂ ସେ ସ୍ୱୟଂ ଅବଗତ ଯେ ତାର ଜୀବନର ଅଶାନ୍ତ ପରିସମାପ୍ତି ତାର ମାରାତ୍ମକ ଦୃଷ୍ଟିଭଙ୍ଗୀର ଅନିବାର୍ଯ୍ୟ ପରିଣାମ। ପାଞ୍ଚଥର ଯାକ କଂସ ବିବ୍ରତ ଓ ଭୟାର୍ତ୍ତଭାବେ କଂସ ନିଜ ଜୀବନର ବ୍ୟର୍ଥତା ବିଷୟରେ ସଚେତନ ଓ ସେ ସ୍ପଷ୍ଟ ଉପଲବ୍ଧି କରିଛି ଯେ, ସେ ବ୍ୟର୍ଥତାର ଅନୁଭୂତିରୁ ତାର ନିସ୍ତାର ନାହିଁ। ଏହି ଉପଲବ୍ଧି ହିଁ ତାର ଭୟର କାରଣ। ଛିନ୍ନ ସମ୍ପର୍କଗୁଡ଼ିକୁ ଯୋଡ଼ିବାର ସମୟ ଆଉ ନାହିଁ, ନିଜର ସତ୍ତା ଭିତରେ ପ୍ରମତ୍ତ ରହିବାର ଅପରାଧରେ ନିଜର ସତ୍ତା ହିଁ ମୃତ୍ୟୁ ଦଣ୍ଡରେ ଦଣ୍ଡିତ ହେବ। କୃଷ୍ଣ ଓ ବଳରାମଙ୍କୁ ମଥୁରାକୁ ଆଣିବା ପାଇଁ ଅକ୍ରୁରଙ୍କୁ ଆଦେଶ ଦେଲାବେଳେ କଂସ "ଭୟେ କମ୍ପଇ ହୋଇ ଥରହର" ଓ 'କହେ କାତରତର ହୋଇ ଛନ୍ନ' (୧.୬୯ ଓ ୧.୭୧)।* ଉଗ୍ର ଆଚରଣରେ ତନ୍ମୟ ହୋଇ ଏ ଅନୁଭୂତିରୁ ନିଷ୍କୃତି ପାଇବାକୁ ଚେଷ୍ଟା କରିବା ଏ ଧରଣର ଲୋକଙ୍କ ପକ୍ଷରେ ସ୍ୱାଭାବିକ ଏବଂ କଂସ ଏପରି ଚେଷ୍ଟା କରିଛି, କିନ୍ତୁ ସେତେବେଳକୁ ସେ ଅନୁଭୂତି ତାର ସମୁଦାୟ ବ୍ୟକ୍ତିତ୍ୱକୁ ଆକ୍ରାନ୍ତ କରିସାରିଲାଣି ଏବଂ ତାର ଅଚେତନ ମନରେ ଦୃଢ଼ ହୋଇସାରିଲାଣି। ଅଚେତନ ସ୍ତରରୁ ସେ ଭୟ ସ୍ୱପ୍ନ ଭାବେ ଉଠି ତାର ନିଷ୍କୃତିବୋଧକୁ ପଣ୍ଡ କରି ଦେଉଛି ଏବଂ ତାର ମୃତ୍ୟୁ ଚେତନାର ଛଦ୍ମବେଶକୁ ଉତାରି ଦେଉଛି-

ଝାଇଁ ମାରଇ ନିଃଶ୍ୱାସ ପ୍ରଖର। ସପନରେ ଦେଖଇ ନିଜ ଶିର ॥
ଶଙ୍ଖଶବଦ ନିଃଶ୍ୱାସ ପବନ। କରେ ଦକ୍ଷିଣ ଦିଗକୁ ଗମନ ॥
କଣ୍ଠେ ମନ୍ଦାର ମାଳ ବିଭୂଷଣ। କରି ମଇଁଷି ଯାନ ଆରୋହଣ ॥
ଚର୍ମ ଦେଶରେ ପଡ଼ିଛି କବରୀ। ଫିଟି ପବନେ ଉଡ଼େ କେରି କେରି ॥

---

*ପ୍ରଥମ ସଂଖ୍ୟାଟି ଛାନ୍ଦର କ୍ରମିକ ସଂଖ୍ୟା ଓ ଦ୍ୱିତୀୟ ସଂଖ୍ୟାଟି ସେହି ଛାନ୍ଦରେ ପଦର ସଂଖ୍ୟା। ଉପରୋକ୍ତ ଉଦାହରଣରେ ଉଦ୍ଧୃତି ଦୁଇଟି ଯଥାକ୍ରମେ ପ୍ରଥମ ଛାନ୍ଦର ୬୯ ପଦରୁ ଓ ସେ ସେହି ଛାନ୍ଦର ୭୧ ପଦରୁ। ପରବର୍ତ୍ତୀ ଉଦ୍ଧୃତିଗୁଡ଼ିକ ଏହି ଭାବରେ ସୂଚିତ।

ଚାରିଦିଗେ ଶୃଗାଳ ସ୍ୱାନ ପେଚା। ଗୃଧ୍ର ଅହି ମଞ୍ଜାରି ଧ୍ୱନି ଉଚ୍ଚ ॥
ପ୍ରାଣ ନ ରହଇ ଯେଉଁ ସ୍ୱପନେ। କଂସ ଦେଖିଲା ତା ବେନି ନୟନେ ॥
(୧.୧୦୦-୧୦୫)

ଦ୍ୱାଦଶ ଛାନ୍ଦରେ କଂସ, କୃଷ୍ଣ ଓ ବଳରାମଙ୍କୁ ମାରିବା ବିଷୟରେ ଅସୁରମାନଙ୍କ ସହିତ ପରାମର୍ଶ କରୁଛି। ସେ ପରାମର୍ଶ ହେଉଛି "ମନ୍ତ୍ରୀ (ଅକ୍ରୁର) ମେଲାଣି ଅନ୍ତେ", ଅର୍ଥାତ୍ ଏକ ଶ୍ରେୟସ୍କର ମନୋବୃତ୍ତି ଅନ୍ତର୍ହିତ ହେବା ପରେ। ସେତେବେଳେ କଂସ ସ୍ୱୀକାର କରୁଛି ଯେ ଭୀତ ("ଏଣୁ ମୁଁ ଭଏ କରଇ ମନେ"), କିନ୍ତୁ ଯେହେତୁ ସେ ଏକ ଉଚ୍ଚତର ଜୀବନବୋଧକୁ ପ୍ରତ୍ୟାଖ୍ୟାନ କରି ସାରିଛି, ତା'ର ବ୍ୟର୍ଥ ଅଦୃଷ୍ଟ ସହିତ ସହଯୋଗ କରିବାକୁ ସେ ବାଧ୍ୟ। କୃଷ୍ଣ ଓ ବଳରାମଙ୍କୁ ମାରିବା ଯୋଜନା ସେ ସହଯୋଗର ପ୍ରକାଶ୍ୟ ରୂପ, ଏବଂ 'ଅକ୍ରୁରଙ୍କ ମେଲାଣି ଅନ୍ତେ' ତାହା ଘଟିବା ସ୍ୱାଭାବିକ। ଅଷ୍ଟାଦଶ ଛାନ୍ଦରେ କଂସ ନିଜର ନିଃସଙ୍ଗତା ତୀବ୍ର ଭାବେ ଅନୁଭବ କରୁଛି ଏବଂ ହୃଦୟଙ୍ଗମ କରିଛି ଯେ ସାହଚର୍ଯ୍ୟଶୂନ୍ୟତା ହିଁ ତା'ର ଭାଗ୍ୟ-

ବୋଲଇ କଂସ ହୋଇଲି ନିଶ୍ଚେ ନାଶ
କାହିଁକି ଧରାଇ ଆଣିଲି।
ଯେଉଁମାନେ ବଳ ଦେଇ କହୁଥିଲେ
ସେମାନଙ୍କୁ ମୁଁ ଏବେ ଜାଣିଲି... (୧୮.୪)

ଏହା ବୁଝିବା ପରେ କଂସ ନିଜଦ୍ୱର ଆହୁରି ଗୂଢ଼ତର, ଆହୁରି ଅନ୍ଧାରତର ପ୍ରଦେଶକୁ ଚାଲିଯାଇଛି, ସତେ ଯେପରି ସେ ଏକ ଆକ୍ରମଣକାରୀ ଉଜ୍ଜ୍ୱଳ ବାସ୍ତବତା ଠାରୁ ଆତ୍ମଗୋପନ କରି ନିଜର କ୍ଷୁଦ୍ର ଅଥଚ ପରିଚିତ ସତ୍ତାକୁ ସୁରକ୍ଷିତ ରଖିବାକୁ ଚେଷ୍ଟା କରୁଛି। ତା ଦୃଷ୍ଟିରେ ପ୍ରତ୍ୟେକ ସମ୍ପର୍କ ଏକ ଆକ୍ରମଣ, ସାହଚର୍ଯ୍ୟର ତାତ୍ପର୍ଯ୍ୟ ହେଉଛି ଆତ୍ମସତ୍ତାର ବିଲୟ। ଆସନ୍ନ ବ୍ୟର୍ଥତାର ବିଶାଳତା କଂସ ପାଖରେ ସ୍ପଷ୍ଟ, ଏବଂ ସେ ନିର୍ଦ୍ଦିଷ୍ଟ ଭାବେ ଜାଣିଛି ଯେ ତାର ମନୋବୃତ୍ତି (କଂସର ଅନୁଚରମାନେ ସେ ମନୋବୃତ୍ତିର ପ୍ରତୀକ ମାତ୍ର) ନିସ୍ତାରର ପନ୍ଥା ନୁହେଁ, କିନ୍ତୁ ସେ ଆଉ ନିଜ ଜୀବନର ଗତିଧାରା ବଦଳାଇ ପାରିବ ନାହିଁ, ଆଉ କୌଣସି ଅର୍ଥପୂର୍ଣ୍ଣ ସ୍ଥାପନ କରିପାରିବ ନାହିଁ। ଭକ୍ତଚରଣଙ୍କ କଥାବସ୍ତୁ ଆଗରୁ ନିର୍ଦ୍ଦିଷ୍ଟ ଏବଂ ସେଥିରେ ବ୍ୟତିକ୍ରମ କରି ଏକ ଆଶାଜନକ ସମ୍ଭାବନା ଉପସ୍ଥାପିତ କରିବା କଳ୍ପନାତୀତ; ଏକ ସମ୍ଭାବନାଶୂନ୍ୟ, ଶୁଷ୍କ, ନିର୍ଜୀବ ଭବିଷ୍ୟତର ମାର୍ମିକ ଅନୁଭୂତି କିପରି ତାଙ୍କ କବିତାରେ ପ୍ରକଟିତ ହୋଇଛି ଆମେ କେବଳ ତାହାହିଁ ଦେଖିବା। ଯେଉଁ ମନ ପକ୍ଷରେ ନିଜେହିଁ ସର୍ବଶ୍ରେଷ୍ଠ ବାସ୍ତବତା, ସେ ମନର ଶବ୍ଦମୟ ଅଭିବ୍ୟକ୍ତି ଏବଂ କୌଣସିମତେ ଆଗତ

ପ୍ରାୟ ବିପର୍ଯ୍ୟୟକୁ ଏଡ଼ି ଦେଇ ପାରିବାର କାତର ଦୁରାଶା ପ୍ରକଟିତ କରିବାପାଇଁ କବିତା ବ୍ୟବହୃତ ହୋଇଛି। ଯେଉଁ କୌଶଳ ତାର ନିଃସଙ୍ଗତାର କାରଣ ସେ କୌଶଳ ଛାଡ଼ିବାର ସ୍ପୃହା ନାହିଁ; ସେ କୌଶଳ ହେଉଛି ସଂଘର୍ଷ ଜରିଆରେ ଅନ୍ୟମାନଙ୍କୁ ପରାଭୂତ କରିବା, ନିଷ୍କ୍ରିୟ କରିବା, ଲୁଣ୍ଠନ କରିବା ଏବଂ ତଦ୍ଦ୍ୱାରା ନିଜର ସତ୍ତାକୁ ବଳବତ୍ତର କରିବା, ଆହୁରି ବ୍ୟାପ୍ତ କରିବା।* ନିଜକୁ ଅନ୍ୟ ସହିତ ସମ୍ପର୍କିତ କରି, ଆତ୍ମସତ୍ତାକୁ ସମ୍ପର୍କର ଆତ୍ମିକ ଅନୁଭୂତିରେ ନିଶ୍ଚିହ୍ନ କରି ଦୈହିକ ମୃତ୍ୟୁର ଭୟାବହତାକୁ ତାତ୍ପର୍ଯ୍ୟଶୂନ୍ୟ କରିବାର କୌଶଳଠାରୁ ଏ କୌଶଳ ପୃଥକ୍ ଏବଂ ଏହା ସୂଚାଇଲାବେଳେ ଭକ୍ତଚରଣ ସଂଘର୍ଷସୂଚକ, ଏକ ଦ୍ୱାରା ଅନ୍ୟର ବିନାଶସୂଚକ ଚିତ୍ରକଳ୍ପ ବ୍ୟବହାର କରିଛନ୍ତି–

ଗଙ୍ଗଶିଉଳୀ କୁସୁମକୁ ଦ୍ୱାଦଶ
ମାରତଣ୍ଡ ଉଦେ କରୁଛ।
ଭସ୍ମକୁଡ଼କୁ ବତାସ ଲୋଡୁଛ
କୀଟକୁ କୁଳିଶ, ଶିରୀଷ କୁସୁମେ
ମହାବରଷା ପ୍ରାୟ କରୁଛ...(୧୮.୧୧)

ଊନବିଂଶ ଛାନ୍ଦରେ କଂଶ, କୃଷ୍ଣ ଓ ବଳରାମଙ୍କୁ ତଥା ନନ୍ଦ, ଯଶୋଦା, ବସୁଦେବ ଓ ଦେବକୀଙ୍କୁ ମାରିବା ସିଦ୍ଧାନ୍ତ କରିଛି। ଏହା ଅଷ୍ଟାଦଶ ଛାନ୍ଦରେ ବର୍ଣ୍ଣିତ ଦ୍ୱେଷଭାବର ସ୍ୱାଭାବିକ ବିକାଶ। ଦ୍ୱାଂବିଶ ଛାନ୍ଦରେ କଂଶ ଶେଷଥର ପାଇଁ ଦେଖାଦିଏ। ସେତେବେଳକୁ କୃଷ୍ଣ ବଳରାମ ହାତୀ ଓ ମଲ୍ଲମାନଙ୍କୁ ନିପାତ କରି, ସବୁ ଅନ୍ତରାୟ ଅତିକ୍ରମ କରି ସାମ୍ନାରେ ଠିଆ ହେଲେଣି। ସ୍ଥୁଳ ଓ କାୟିକ ଶକ୍ତିଦ୍ୱାରା ଏକ ଅସଫଳ ଓ ଅସୁନ୍ଦର ଜୀବନମାର୍ଗକୁ ରକ୍ଷା କରାଯାଇ ପାରିବ ନାହିଁ ଏବଂ ତାର ଗୌରବହୀନ ସମାପ୍ତି ଅବଶ୍ୟମ୍ଭାବୀ, ସମ୍ଭବତଃ ଏହାହିଁ ସୁଚିନ୍ତିତ ପ୍ରତିବନ୍ଧକମାନଙ୍କର ବିପର୍ଯ୍ୟୟ ଦ୍ୱାରା ସୂଚିତ। କଂସର ମୃତ୍ୟୁର କୌଣସି ଆଡ଼ମ୍ବର ବା ଅସାଧାରଣତା ନାହିଁ। ତାର

* କାଲି ଆପଣେ ବୀରପଣ କରିବି
ଶୁଭେ ପାଉ ଆଜ ଶର୍ବରୀ।
ରାମକୃଷ୍ଣଙ୍କୁ ପକାଇବି ମାରି।
ଯେଉଁଦିନ ସୁର ନରଙ୍କୁ ଜିଣିଲି
କେହୁ ନ ଥିଲେ ସଙ୍ଗେ ମୋହରି...(୧୮.୮)

ଉଗ୍ର, ଆସ୍ଫାଳନମୟ ଅହଂସର୍ବସ୍ୱ ଜୀବନର ଚାକଚକ୍ୟ ତୁଳନାରେ ତାର ମୃତ୍ୟୁ ଅତ୍ୟନ୍ତ ବିବର୍ଣ୍ଣ, ଅତ୍ୟନ୍ତ ମାମୁଲି। ଏହି ବିବର୍ଣ୍ଣତାହିଁ ସେ ଜୀବନର ଅସଲ ରଙ୍ଗ, ସେ ଜୀବନ ପ୍ରକୃତପକ୍ଷେ ନିହାତି ମାମୁଲି। ସେ ମୃତ୍ୟୁର ବର୍ଣ୍ଣନା ପାଇଁ ଭକ୍ତଚରଣ ଦୁଇଟି ଧାଡ଼ିରୁ ବେଶି ଦେଇନାହାନ୍ତି।*

ଏପରି ଏକ ଅସମ୍ପର୍କିତ ଓ ବ୍ୟର୍ଥ ଜୀବନ ଅପେକ୍ଷା ପ୍ରେମମୟ, ଭାବର ଆଦାନପ୍ରଦାନ ଦ୍ୱାରା ସମୃଦ୍ଧ ଜୀବନର ଉତ୍କର୍ଷ କାବ୍ୟରେ ବଳିଷ୍ଠ ଭାବେ ପ୍ରତିପାଦିତ। ଯଶୋଦା ଓ ଗୋପୀମାନେ ଏହି ଶ୍ରେୟସ୍କର ଜୀବନୀଶକ୍ତିର ପ୍ରାଚୁର୍ଯ୍ୟରେ ଉଦ୍‌ବେଳିତ। ଯେଉଁ ଜୀବନଚର୍ଯ୍ୟାରେ ଅହଂସତ୍ତା ଅକ୍ଷୁର୍ଣ୍ଣ ରହେ ତାହା ସେମାନେ ଅସ୍ୱୀକାର କରି ସରଳ, ଘନିଷ୍ଠ ଅନ୍ତରଙ୍ଗତାର ନିଃସନ୍ଦେହ ମହତ୍ତ୍ୱ ସାବ୍ୟସ୍ତ କରିଛନ୍ତି। ବ୍ୟକ୍ତିର ବ୍ୟକ୍ତି ସହିତ ସନ୍ତୋଷଜନକ ସମ୍ପର୍କ ଯେତେ ବେଶି, ଜୀବନ ସେତେ ବେଶି ପରିପୂର୍ଣ୍ଣ ଓ ତାତ୍ପର୍ଯ୍ୟପୂର୍ଣ୍ଣ। ସନ୍ତୋଷଜନକ ସମ୍ପର୍କ କଣ ? ଯେଉଁ ସମ୍ପର୍କରେ ଅନୁଭବକାରୀ ଚେତନା ଅନୁଭୂତି ସହିତ ସାମିଲ ହୋଇଯାଏ, ଯେଉଁ ସମ୍ପର୍କରେ ଯାହା ଅନୁଭୂତ ତାହା ଅନୁଭବକାରୀଠାରୁ ଅଭିନ୍ନ, ତାହାହିଁ ସନ୍ତୋଷଜନକ।

ଏ ମନୋବୃତ୍ତି କଂସର ମନୋବୃତ୍ତିର ଠିକ୍ ଓଲଟା। ଏଥିରେ ଆତ୍ମସତ୍ତାକୁ ବଳବତ୍ତର କରିବାର ସମସ୍ତ ପ୍ରଣାଳୀ ପ୍ରତ୍ୟାଖ୍ୟାତ ଯେହେତୁ ସେ ସବୁ ପ୍ରଣାଳୀର ପରିଣାମ ହେଉଛି ନିଃସଙ୍ଗତା, ବ୍ୟର୍ଥତା। ଯେଉଁ ପ୍ରଣାଳୀରେ ଅନୁଭବକାରୀ ଓ ଅନୁଭୂତ ନିଜ ନିଜର ସତ୍ତା ହରାଇ ଏକତ୍ରିତ ହୋଇଯାଇଛନ୍ତି ତାହାହିଁ ଗୃହୀତ। ଯଦି ଅନୁଭୂତିର ଲକ୍ଷ୍ୟ ଏକ ବୃହତ୍ତର କାଳାତୀତ ସତ୍ୟ ହୁଏ, ତା ସହିତ ସମ୍ମିଶ୍ରଣ ଦ୍ୱାରା ମୃତ୍ୟୁଜନିତ ବ୍ୟର୍ଥତା ଏଡ଼ାଇ ଦେଇ ହେବ। ଯଦି ଆତ୍ମସତ୍ତା ଆଗରୁ ନିଶ୍ଚିହ୍ନ ହୋଇସାରିଛି, ମୃତ୍ୟୁଦ୍ୱାରା ଦେହର ବିଲୟ ଛଡ଼ା ଆଉ କିଛି ଘଟିବ ନାହିଁ। କଂସ ମନୋବୃତ୍ତିରେ ମୃତ୍ୟୁ ବିଭୀଷିକାମୟ ତାହା ବ୍ୟକ୍ତିସତ୍ତାକୁ ସମୂଳେ ସଂହାର କରେ; ସମ୍ପର୍କରେ ସମୃଦ୍ଧ ଜୀବନରେ ମୃତ୍ୟୁ ଅବାନ୍ତର- ଯେହେତୁ ବ୍ୟକ୍ତିସତ୍ତା ଏକ କାଳାତୀତ ବାସ୍ତବତାର ଅଂଶ ହୋଇସାରିଥାଏ।

ଯଶୋଦା ଓ ଗୋପୀମାନଙ୍କଠାରେ କୃଷ୍ଣଙ୍କୁ ପାଇବା ପାଇଁ ଯେଉଁ ବ୍ୟାକୁଳତା ଦେଖାଯାଏ, ତାହା ଏକ ଗଭୀର ଅନୁଭୂତିର ଆନନ୍ଦରେ ନିଜକୁ ଉତ୍ସର୍ଗ କରିବା ପାଇଁ ମୃତ୍ୟୁ, ବିନାଶ ଓ ବ୍ୟର୍ଥତା ବାହାରେ ଥିବା ଏକ ଚିରନ୍ତନ ବାସ୍ତବତାରେ ସାମିଲ୍ ହୋଇଯିବା ପାଇଁ ବ୍ୟାକୁଳତା। କିନ୍ତୁ ଯଦି ଆତ୍ମସତ୍ତା ସମ୍ପୂର୍ଣ୍ଣଭାବେ ପରିତ୍ୟକ୍ତ ହୋଇ ନ ଥାଏ, ଯଦି

---

*ଧାଇଁ ପୀତବାସ ବାମକରେ କେଶ ଧଇଲେ ହୋଇ କୋପମୂର୍ତ୍ତି।
ଦଇତ ଦଇତାରି ମୁଖ ଅନାଇ ଜୀବନ ଛାଡ଼ିଲା ତଡ଼ତି ॥ (୨୨.୧୬)

ସେହି ସତ୍ତା ମାଧ୍ୟମରେ ସତ୍ୟର ଉପଲବ୍ଧି ଅଭିପ୍ରେତ ହୋଇଥାଏ, ତେବେ ସେ ବ୍ୟାକୁଳତା ନିର୍ମଳ ନୁହେଁ ଏବଂ ତାହା ମୃତ୍ୟୁ ବିରୁଦ୍ଧରେ ସମୁଚିତ ପ୍ରତିରକ୍ଷା ନୁହେଁ।

ଯେତେବେଳେ ଉଦ୍ଧବ ଯଶୋଦାଙ୍କୁ କୃଷ୍ଣଙ୍କ ନିର୍ଗୁଣ, ପାରସ୍ପରିକ ସମ୍ପର୍କର ଊର୍ଦ୍ଧ୍ୱରେ ଥିବା ମହତ୍ତ୍ୱ ବୁଝି ବ୍ୟାକୁଳତାରୁ ନିବୃତ୍ତ ହେବାକୁ ପରାମର୍ଶ ଦେଲେ (ପଞ୍ଚବିଂଶ ଛାନ୍ଦ ଦ୍ରଷ୍ଟବ୍ୟ), ଯଶୋଦା ବୁଦ୍ଧି ଓ ଜ୍ଞାନ ମାଧ୍ୟମରେ ଜୀବନକୁ ଅର୍ଥପୂର୍ଣ୍ଣ ଓ ଉନ୍ନତତର କରିବା ପ୍ରଣାଳୀକୁ ନାକଚ କରି ଦେଇଛନ୍ତି ଯେହେତୁ ଏ ପ୍ରଣାଳୀରେ ବ୍ୟକ୍ତିର ନିଜସ୍ୱ ସତ୍ତା ଅକ୍ଷୁର୍ଣ୍ଣ ରହିଥାଏ। ଏ ପ୍ରଣାଳୀରେ ସମ୍ମିଶ୍ରଣ ସମ୍ପୂର୍ଣ୍ଣ ହୁଏ ନାହିଁ ଯେହେତୁ ନିଜର ସତ୍ତା ଥିବା ଯାଏଁ ନିଜର ସ୍ୱାର୍ଥ ମଧ୍ୟ ଥାଏ।* ବ୍ରହ୍ମ- ଆରାଧନା ସ୍ୱାର୍ଥରହିତ ନ ହେଲେ କଂସ-ମନୋବୃତ୍ତିର ଏକ ମାର୍ଜିତ ସଂସ୍କରଣ ମାତ୍ର। ଯେଉଁ ସମ୍ପର୍କ ସମ୍ବେଦନଶୀଳ ନୁହେଁ ତାହା ନ୍ୟୁନ, ତାହା ଜୀବନର ଅବାନ୍ତରତା ଓ ବ୍ୟର୍ଥତାର ନିରାକରଣ ପାଇଁ ଅସମର୍ଥ। ଉଦ୍ଧବଙ୍କୁ ତିରସ୍କାର କରି ଯଶୋଦା କହୁଛନ୍ତି-

ବ୍ରହ୍ମ ବ୍ରହ୍ମ ବୋଲି କେତେ ବୋଲ ତାକୁ ସେ ମୋର କୁମର।

XXX XXX XXX

ଯେବେ ସେ କଥା କହିବାକୁ ବିଚାର ଗୋପରେ ନ ଥାଅ।
ଯହିଁ ଥିବେ ବ୍ରହ୍ମଜ୍ଞାନ ଥିଲା ଲୋକେ ତାହାଙ୍କୁ ବୁଝାଅ।।

XXX XXX XXX

ଯହିଁକି ଆସିଛ ସେ କଥା ନ କହି କହୁଛ ଏମାନ।
କେ ଜାଣଇ ଜ୍ଞାନ କେ ଜାଣଇ ବ୍ରହ୍ମ କେ ଜାଣେ ଭଜନ।।
ଯେଉଁ ଜ୍ଞାନ ଯେଉଁ ଭଜନ ସାଧନ କରୁଛି କହଇ।
ଏକା ଶ୍ୟାମଘନ-ବରନ ମୋ ଧନ ଏତିକି ଜାଣଇ।

XXX XXX XXX

..... ନନ୍ଦରାଣୀ କ୍ରୋଧକରି ବୋଲନ୍ତି ବଚନ।
ମଥୁରାବାସୀ ଯେତେକ ତୁମେ ନାନା ବିଚିତ୍ର ବଖାଣ।।

(୨୫, ୩୨, ୩୪, ୩୬, ୩୭, ୬୦))

ଗୋପୀମାନେ ମଧ୍ୟ ଆତ୍ମକୈନ୍ଦ୍ରିକ ସମ୍ପର୍କରେ ଅସାରତା ପ୍ରମାଣ କରିଛନ୍ତି ଏବଂ ଯେଉଁ ସମ୍ପର୍କରେ ଗ୍ରହଣ ନ ଥାଇ କେବଳ ଉତ୍ସର୍ଗ ଥାଏ ତାହା ହିଁ ଜୀବନକୁ ଉତ୍ତୀର୍ଣ୍ଣ କରେ ବୋଲି ଦର୍ଶାଇଛନ୍ତି। ଉଦ୍ଧବ ଭଗବାନଙ୍କର ସାର୍ବଭୌମତ୍ୱ,

---

*ତଥାପି ଯୋଗୀ ବ୍ରହ୍ମଧ୍ୟାନ କରନ୍ତି ମୁକ୍ତିର ନିମିତ୍ତ। (୨୫.୩୩)

ଅସମ୍ପର୍କିତ ଆତ୍ମସମ୍ପୂର୍ଣ୍ଣତା ଓ ଉଚ୍ଚତର ସତ୍ତା ବ୍ୟାଖ୍ୟା କରି କହିଛନ୍ତି ଯେ ସେ ଧ୍ୟାନ (ଅର୍ଥାତ୍ ବ୍ୟକ୍ତିର ବୁଦ୍ଧିଦୀପ୍ତ ଚେତନା) ଦ୍ୱାରା ପ୍ରାପ୍ତ ହୁଅନ୍ତି। ସେ ମାର୍ଗକୁ ପ୍ରତ୍ୟାଖ୍ୟାନ କରି

x x x ବୋଲନ୍ତି ଗୋପରାଣୀ

ଏ ଯେଉଁ ଜ୍ଞାନକୁ ବୁଝାଇଲ

କ୍ଷୀରଭାଣ୍ଡେ ଦଧିଦେଲେ ନାଶଯାଇ ସେହୁ ଭଲେ

ଜ୍ଞାନକଥା କିମ୍ପାଇ କହିଲ, ହେ ହରିଦୂତ।

ଆମ୍ଭର ଭଗତି ଗଙ୍ଗାଧର ଜ୍ଞାନ ନଦୀ ତହିଁ ସମକର ହେ।

XXX XXX XXX

ଦେଖିଲେ ଦିଶେ ସୁନ୍ଦର ନ ଥାଇ କିଛି ଉଦର

ସେହିରୂପେ ରସହୀନ ଜ୍ଞାନ।

XXX XXX XXX

ବ୍ରହ୍ମ ବୋଲି ଯାହା କହ ପ୍ରକୃତି ତାହାର ଦେହ

କୁଳିଶ ପରାୟେ ରସହୀନ। (୨୭.୪, ୭, ୧୦)

ଅର୍ଥପୂର୍ଣ୍ଣ ସମ୍ପର୍କ ଉତ୍ସର୍ଗ ଓ ଅର୍ପଣ ଦ୍ୱାରା ସମ୍ଭବ, ହିସାବୀ ବୁଦ୍ଧିଦ୍ୱାରା ନୁହେଁ। ଯେଉଁ ସତ୍ୟ ଆବେଗଶୂନ୍ୟ, ଯେଉଁ ବ୍ୟକ୍ତିତ୍ୱ ସମ୍ବେଦନଶୀଳ ନୁହେଁ, ତାହା ଜୀବନକୁ ଅର୍ଥମୟ କରିପାରିବ ନାହିଁ, ସେ ସତ୍ୟ ଓ ସେ ବ୍ୟକ୍ତିତ୍ୱ ସ୍ୱୟଂ ଭଗବାନ ପଛକେ ହୁଅନ୍ତୁ "ଦମ୍ଭ, ଲଜ୍ଜା, ଜାତି, ଦାରା, ଧନ...ଏମାନ ତେଜିଲେ ପାଇ ପ୍ରେମ, ବ୍ରହ୍ମଜ୍ଞାନେ ବିଅର୍ଥେ ନ ଭ୍ରମ..." ୨୭.୧୧)। ନିର୍ଗୁଣ ବ୍ରହ୍ମଙ୍କ ଶ୍ରେଷ୍ଠତ୍ୱ ପ୍ରତିପାଦନ କରିବାକୁ ଚେଷ୍ଟିତ ଉଦ୍ଧବ ଯେତେବେଳେ ସମ୍ବେଦନଶୀଳ ସମ୍ପର୍କର ସପକ୍ଷରେ ଯୁକ୍ତିର ମୁକାବିଲା କରିପାରି ନାହାନ୍ତି ସେ ଏ ଦ୍ୱନ୍ଦ୍ୱରୁ ଚୁପ୍‌ଚାପ ଓହରିଯିବା ଉଦ୍ଦେଶ୍ୟରେ କହିଛନ୍ତି ଯେ ସେ କେବଳ କୃଷ୍ଣଙ୍କ ଆଦେଶରେ ଗୋପୀମାନଙ୍କୁ "ପ୍ରବୋଧି ଯିବାପାଇଁ" ଆସିଥିଲେ। ଗୋପୀମାନେ ତାଙ୍କୁ ସେ ଅବସର ଦେଇ ନାହାନ୍ତି ଓ ତାଙ୍କ ମାର୍ଗରେ ସଂକୀର୍ଣ୍ଣତା, ଅନ୍ତଃସାରଶୂନ୍ୟତା ଦର୍ଶାଇଛନ୍ତି-

ଶୁଣି ହସିଲେ ଗୋପିନୀ ଏବେ ସେ ପାରିଲୁଁ ଜାଣି

ଆମ୍ଭ ବ୍ରହ୍ମ ସବୁରି ଗୋସାଇଁ ହେ, ହରିଦୂତ।

ତୁମ୍ଭ ବ୍ରହ୍ମ କୃଷ୍ଣ ବୋଲେଛନ୍ତି ଆଜ୍ଞାପାଇ ସମସ୍ତ କରନ୍ତି ହେ।

(୨୭.୧୮)

ଉଦ୍ଧବଙ୍କ ପରାଜୟ ଏହାପରେ ସମ୍ପୂର୍ଣ୍ଣ ହୋଇଛି ଏବଂ ସେ ନିଜେ ଏହା

ସ୍ୱୀକାର କରିଛନ୍ତି (୨୭.୧୯ ଦ୍ରଷ୍ଟବ୍ୟ) । ସେ ବ୍ୟକ୍ତିସତ୍ତାର ଉତ୍ସର୍ଗରେ ସମୃଦ୍ଧ ସମ୍ପର୍କରେ ଶ୍ରେଷ୍ଠତ୍ୱ ହୃଦୟଙ୍ଗମ କରି ସେହି ମାର୍ଗ ଗ୍ରହଣ କରିବାକୁ ସ୍ଥିର କରିଛନ୍ତି-

ଏବେ ଏହି କୃପାକର ଆଜ୍ଞାଦିଅ ଶିରୀଧର
ଫେରିଯିବି ସେହି ବୃନ୍ଦାବନ, ହେ ଦୀନବନ୍ଧୁ ।
ଗୋପୀଙ୍କ ସଙ୍ଗରେ ବଞ୍ଚୁଥିବି, ଏଥେ ଥାଇ କି ସୁଖ ଭୁଞ୍ଜିବି ସେ ।।
(୩୦.୫)

'ମଥୁରାମଙ୍ଗଳ' ଏପରି ଦୁଇଟି ବିପରୀତଧର୍ମୀ ଜୀବନଚର୍ଯ୍ୟାର ମୂଲ୍ୟାଙ୍କନ । ଗୋଟିକରେ ଆକ୍ରମଣ, ଲୁଣ୍ଠନ ଓ ଅନ୍ୟମାନଙ୍କ ବଶତା ଜରିଆରେ ବ୍ୟକ୍ତି ନିଜକୁ ପ୍ରତିଷ୍ଠିତ କରିବାକୁ ଚାହେଁ; ଅନ୍ୟଟିର ଲକ୍ଷ୍ୟ ହେଉଛି ଏକ ଅନାବିଳ, ସ୍ୱାର୍ଥରହିତ ସମ୍ପର୍କ-ଯେଉଁଥିରେ ଜଣେ ଅନ୍ୟ ଜଣଙ୍କର ଜୀବନରେ ପ୍ରବେଶ କରିପାରେ ଏବଂ ସେପରି ପ୍ରବେଶ କରିବାଦ୍ୱାରା ବ୍ୟର୍ଥତାର ଅନୁଭୂତିରୁ ତ୍ରାହି ପାଏ । ବଞ୍ଚିବାର ଏହି ଦୁଇଟି ପ୍ରଣାଳୀ ଭିତରେ ତାରତମ୍ୟ ଏବଂ ପ୍ରଥମ ପ୍ରଣାଳୀର ନିଷ୍ଫଳତା ଅନେକ ଆଧୁନିକ ସାହିତ୍ୟ-କୃତିର ମୂଳ ପ୍ରେରଣା । ଏହି ପ୍ରେରଣା ପାଶ୍ଚାତ୍ୟ ସାହିତ୍ୟରେ ଆଧୁନିକ ଯୁଗର ଏକ ବିଶିଷ୍ଟ ଗୁଣ; ଶୁଷ୍କବନ୍ଧ୍ୟ ଜୀବନର ନିଃସଙ୍ଗତା ଓ ବ୍ୟର୍ଥତା ଏବଂ ଏକ ଭାବାବିଷ୍ଟ ସମ୍ପର୍କଦ୍ୱାର ଜୀବନର ସାର୍ଥକତା ଏହି ଶତାବ୍ଦୀର ୟୁରୋପୀୟ ସାହିତ୍ୟ ଓ ସାହିତ୍ୟାଦର୍ଶରେ ଏତେ ବେଶୀ ପ୍ରତିଫଳିତ ଯେ ଏ ପ୍ରେରଣାକୁ ବାଦ୍ ଦୃଷ୍ଟାନ୍ତ ଦେଇ ହେବ, ଅନେକ କବି, ଔପନ୍ୟାସିକ ଓ ନାଟ୍ୟକାରଙ୍କ କୃତି ରେ ଏହି ଦ୍ୱିବିଧ ଜୀବନଚର୍ଯ୍ୟାର ଦ୍ୱନ୍ଦ୍ୱ ଉପରେ ଆଧାରିତ, ତାହା ଦେଖାଇ ଦିଆଯାଇ ପାରିବ । ସେପରି କରି ଏପ୍ରବନ୍ଧର କଳେବର ବଢ଼ାଇବା ମୋର ଉଦ୍ଦେଶ୍ୟ ନୁହେଁ; ମୋର ଉଦ୍ଦେଶ୍ୟ କେବଳ ଏତିକି କହିବା ଯେ ସାହିତ୍ୟକୁ ତାର ଆବେଦନ ଦୃଷ୍ଟିରୁ ବିଚାର କରିବା ଉଚିତ୍, ରଚନାକାଳ ବା କୌଣସି ନିର୍ଦ୍ଦିଷ୍ଟ ସମୟରେ ପ୍ରଚଳିତ କୌଣସି ତତ୍ତ୍ୱର ପରିପ୍ରେକ୍ଷୀରେ ବିଚାର କରିବା ଉଚିତ୍ ନୁହେଁ । ଏପରି ପ୍ରକୃତ ବିଚାରରେ 'ମଥୁରାମଙ୍ଗଳ' ଆଧୁନିକ । ଆମେ ଏହାକୁ ଅଷ୍ଟାଦଶ ଶତାବ୍ଦୀର ସାହିତ୍ୟ ଭାବେ ବା ବୈଷ୍ଣବ ତତ୍ତ୍ୱର ନିଦର୍ଶନ ଭାବେ ବିଚାର କରିବା ଯାହା, ରେଳବାଇର ସମୟ ନିର୍ଘଣ୍ଟ ଅନୁଯାୟୀ ରେଳଗାଡ଼ି ପ୍ରତ୍ୟେକ ଷ୍ଟେସନ୍‌ରେ ପହଞ୍ଚୁଛି କି ନାହିଁ ଜାଣିବା ପାଇଁ ଚନ୍ଦ୍ରପକ୍ଷ ରାତିରେ ରେଳଯାତ୍ରା କରିବା ତାହା ।

୪

ଲେଖକ ଦୃଷ୍ଟିରେ ସାହିତ୍ୟ ଓ ସଭ୍ୟତା ଏକ ମୂଲ୍ୟବୋଧ ଉପରେ ଆଧାରିତ, ସୁତରାଂ ଉଭୟେ ବସ୍ତୁତଃ ଏକ ଉଦାହରଣ ସ୍ୱରୂପ, 'ମଥୁରାମଙ୍ଗଳ'ରେ ଦୁଇ ପ୍ରକାରର

ଚରିତ୍ରଙ୍କ ମୂଲ୍ୟାଙ୍କନ କରାଯାଇଛି; ଗୋଟିଏ ବିଭାଗର ଚରିତ୍ର ପକ୍ଷରେ ଜୀବନର ସାର୍ଥକତା ପ୍ରବୃତ୍ତିମାନଙ୍କୁ ଚରିତାର୍ଥ କରି ପାରିବା କ୍ଷମତା ଦ୍ୱାରା ନିରୁପିତ ହୁଏ, ଅନ୍ୟ ବିଭାଗର ଚରିତ୍ର ପକ୍ଷରେ ପ୍ରବୃତ୍ତିମାନଙ୍କ ପରିସର ବାହାରେ ବିଦ୍ୟମାନ ଏକ ଉଚ୍ଚାଙ୍ଗ ଜୀବନ ସହିତ ସମ୍ମିଶ୍ରଣ ସର୍ବଶ୍ରେଷ୍ଠ ଲକ୍ଷ୍ୟ। ଦ୍ୱିତୀୟ ପକ୍ଷ ପ୍ରତି କବିଙ୍କ ସମର୍ଥନ ବିଷୟରେ କୌଣସି ସନ୍ଦେହର ଅବକାଶ ନାହିଁ; ସେ ସମର୍ଥନ ସଭ୍ୟତା ପ୍ରତି ସମର୍ଥନ। ପ୍ରବୃତ୍ତିମାନଙ୍କ କଠୋର ବାଧ୍ୟବାଧକତାରୁ ଓ ଜଡ଼ ପରିପାର୍ଶ୍ୱର ନିୟନ୍ତ୍ରଣରୁ ମୁକ୍ତ ହୋଇ ଏକ ଦେହାତୀତ, କାଳାତୀତ ସତ୍ୟର ବ୍ୟାକୁଳ ସନ୍ଧାନଦ୍ୱାରା ଉତ୍ତୀର୍ଣ୍ଣ ଜୀବନର ସାହିତ୍ୟ ମାଧ୍ୟମରେ ଉପଲବ୍ଧି ପ୍ରକୃତ ସାହିତ୍ୟିକର ଏକମାତ୍ର ପ୍ରଚେଷ୍ଟା। ଏ ପ୍ରଚେଷ୍ଟାରୂପ ଅନେକ ହୋଇପାରେ, ସେ ରୂପଗୁଡ଼ିକ ପରସ୍ପର ବିରୋଧି ମଧ୍ୟ ହୋଇ ପାରନ୍ତି, କିନ୍ତୁ ପ୍ରଚେଷ୍ଟାର ବିଭିନ୍ନତା ସତ୍ତ୍ୱେ ପ୍ରକୃତ ସାହିତ୍ୟିକ ଚିତ୍ତବୃତ୍ତି ଏହି ଗୋଟିଏ ଲକ୍ଷ୍ୟ ଦିଗରେ ହିଁ ଅଗ୍ରସର ହୁଏ। ସେ ଲକ୍ଷ୍ୟର ଆକର୍ଷଣ ଏତେ ଶକ୍ତିଶାଳୀ ଯେ ନାନାଦି ଅତ୍ୟାଚାର ଓ ଉତ୍ପୀଡ଼ନ ସତ୍ତ୍ୱେ ସାହିତ୍ୟିକ ସେଥିରୁ ନିବୃତ୍ତ ହୋଇପାରିନାହିଁ ଏବଂ ନାନାଦି ପ୍ରଲୋଭନ ସତ୍ତ୍ୱେ ତା ଦୃଷ୍ଟିରେ ନକଲି ତତ୍ତ୍ୱର ଫର୍ଦ୍ଦରେ ଦସ୍ତଖତ କରିନାହିଁ। ସାଂସାରିକ ବାହାବା ଓ ସାଫଲ୍ୟ ଅପେକ୍ଷା ତାକୁ ଉଦ୍‌ବୁଦ୍ଧ କରୁଥିବା କଳ୍ପନା ବେଶି ଆକର୍ଷଣୀୟ ଏବଂ ଏ କଳ୍ପନାର ଗୁଣ ତା ଚିତ୍ତବୃତ୍ତି ସହିତ ଅବିଭାଜ୍ୟ ଭାବେ ସଂଶ୍ଳିଷ୍ଟ। ଯେତେବେଳେ ସାହିତ୍ୟିକ ଏ ଗୁଣ ଜାଗାରେ ନିଜର ବ୍ୟକ୍ତିତ୍ୱକୁ ରଖେ, ସେତେବେଳେ ସେ ଉଚ୍ଚାଙ୍ଗ ସାହିତ୍ୟର ତଥା ସଭ୍ୟତାର ପରମ୍ପରାରୁ ଓହରି ଆସେ। ଯେଉଁମାନେ ସାହିତ୍ୟିକ ପ୍ରତି ଅତ୍ୟାଚାର କରି ତାର କଳ୍ପନାକୁ ମୂଳପୋଛ କରିଦେବାର ଉଦ୍ୟମ କରନ୍ତି ସେମାନଙ୍କ ବିକୃତ ମନୋବୃତ୍ତି ସହିତ ଏପରି ସାହିତ୍ୟିକର ମନୋବୃତ୍ତି ତୁଳନୀୟ। ଉଭୟେ ଚେତନାର ଉତ୍କର୍ଷ ଅପେକ୍ଷା କାର୍ଯ୍ୟକଳାପର ବୁଦ୍ଧିମତ୍ତାକୁ ପ୍ରାଧାନ୍ୟ ଦିଅନ୍ତି।

ଅନେକ ବିଶିଷ୍ଟ ସାହିତ୍ୟିକ ସେମାନଙ୍କର କୃତିରେ ନିଜର ନାମୋଲ୍ଲେଖ ମଧ୍ୟ କରି ନାହାନ୍ତି। ଆହୁରି ଅନେକ ଏତେ ବିନମ୍ରତା ସହିତ ନାମୋଲ୍ଲେଖ କରିଛନ୍ତି ଯେ ନିଜର ଅପାରଗତା ଭାବି ସେମାନେ ସନ୍ତ୍ରସ୍ତ ହୋଇ ପଡ଼ିଥିଲା ପରି ମନେ ହୁଏ। ସେକ୍‌ସପିୟରଙ୍କ ଲେଖାର ପ୍ରକୃତ ଲେଖକ କିଏ ସେ ବିଷୟରେ ସନ୍ଦେହ ଉପୁଜି ପାରୁଛି; କାଳିଦାସଙ୍କ ଜୀବନ ବିଷୟରେ ପ୍ରାୟ କିଛି ଜଣା ନାହିଁ; ଭୀମଭୋଇଙ୍କ ବିଷୟରେ ଆମେ ନିର୍ଦ୍ଦିଷ୍ଟ ଭାବେ କେବଳ ଏତିକି ଜାଣୁଁ ଯେ ସେ ଜନ୍ମାନ୍ଧ ଥିଲେ। ନିଜର ବ୍ୟକ୍ତିସତ୍ତାକୁ ଜାଣିଶୁଣି ଲୋପ କରିଦେବା ଅନେକ ଚିରସ୍ମରଣୀୟ ସାହିତ୍ୟିକଙ୍କ ଅଭ୍ୟାସ ହୋଇ ପଡ଼ିଥିଲା ପରି ମନେହୁଏ; ସମ୍ଭବତଃ ସେମାନେ ଯାହା ଲେଖିଛନ୍ତି ତାହା ସହିତ ଏ ଅଭ୍ୟାସର କିଛି ସମ୍ବନ୍ଧ ଅଛି।

ସାହିତ୍ୟିକ ଭାଷା ବ୍ୟବହାର କରେ, କିନ୍ତୁ ଯେଉଁମାନେ ଭାଷାକୁ ସାଫଲ୍ୟ ଅର୍ଜ୍ଜନ କରିବା ପାଇଁ ବା ନିଜର ଫାଇଦା ପାଇଁ ବ୍ୟବହାର କରନ୍ତି ସେମାନଙ୍କ ବ୍ୟବହାର-ପ୍ରଣାଳୀଠାରୁ ସାହିତ୍ୟିକର ବ୍ୟବହାର ପ୍ରଣାଳୀ ଅଲଗା । ଯେଉଁ ସାହିତ୍ୟିକମାନେ ଭାଷାକୁ ସାଫଲ୍ୟାଭିମୁଖୀ ପ୍ରଣାଳୀରେ ବ୍ୟବହାର କରନ୍ତି, ସେମାନେ ସବୁକାଳେ ତୃତୀୟ ଶ୍ରେଣୀର ସାହିତ୍ୟିକ; ଯେଉଁମାନଙ୍କର ବ୍ୟବହାର-ପ୍ରଣାଳୀ ସାହିତ୍ୟୋଚିତ, ଅର୍ଥାତ୍ ଯେଉଁମାନେ ଭାଷାକୁ ଏକ ଉଚ୍ଚତର ମୂଲ୍ୟବୋଧର ପ୍ରକାଶପାଇଁ ବ୍ୟବହାର କରନ୍ତି, ସେମାନେ ସାହିତ୍ୟର ପରମ୍ପରାକୁ ପୁଷ୍ଟ କରନ୍ତି । ସ୍ୱୀକୃତି ଓ ଆଦର ଖୋଜିବାକୁ ଯିବା ମାତ୍ରେ ହିଁ ସାହିତ୍ୟିକ ଭାଷାକୁ ଅନ୍ୟ ଲୋକଙ୍କ ପ୍ରଣାଳୀରେ ବ୍ୟବହାର କରିବାକୁ ସମ୍ମତ ହେଉଛି, ସାହିତ୍ୟିକ ଓ ପାଠକଙ୍କ ଭିତରେ ଆଦର୍ଶ ସମ୍ପର୍କରେ ଯେତେ ଦ୍ୱାହି ଦିଆଯାଉ ନା କାହିଁକି, ଜଣେ ସାହିତ୍ୟିକ ପକ୍ଷରେ ଏହାହିଁ ସବୁଠୁଁ ବଡ଼ ଅପରାଧ ।

ରମାକାନ୍ତ ରଥ

BLACK EAGLE BOOKS

www.blackeaglebooks.org
info@blackeaglebooks.org

Black Eagle Books, an independent publisher, was founded as a nonprofit organization in April, 2019. It is our mission to connect and engage the Indian diaspora and the world at large with the best of works of world literature published on a collaborative platform, with special emphasis on foregrounding Contemporary Classics and New Writing.

www.ingramcontent.com/pod-product-compliance
Lightning Source LLC
Chambersburg PA
CBHW020539080526
44583CB00013B/918
* 9 7 8 1 6 4 5 6 0 3 3 1 3 *